CW01513136

Despertar de la Kundalini

Una guía esencial para alcanzar una conciencia superior, abrir el tercer ojo, equilibrar los chakras y comprender la iluminación espiritual

© Copyright 2021

Todos los derechos reservados. Ninguna parte de este libro puede ser reproducida de ninguna forma sin el permiso escrito del autor. Los revisores pueden citar breves pasajes en las reseñas.

Descargo de responsabilidad: Ninguna parte de esta publicación puede ser reproducida o transmitida de ninguna forma o por ningún medio, mecánico o electrónico, incluyendo fotocopias o grabaciones, o por ningún sistema de almacenamiento y recuperación de información, o transmitida por correo electrónico sin permiso escrito del editor.

Si bien se ha hecho todo lo posible por verificar la información proporcionada en esta publicación, ni el autor ni el editor asumen responsabilidad alguna por los errores, omisiones o interpretaciones contrarias al tema aquí tratado.

Este libro es solo para fines de entretenimiento. Las opiniones expresadas son únicamente las del autor y no deben tomarse como instrucciones u órdenes de expertos. El lector es responsable de sus propias acciones.

La adhesión a todas las leyes y regulaciones aplicables, incluyendo las leyes internacionales, federales, estatales y locales que rigen la concesión de licencias profesionales, las prácticas comerciales, la publicidad y todos los demás aspectos de la realización de negocios en los EE. UU., Canadá, Reino Unido o cualquier otra jurisdicción es responsabilidad exclusiva del comprador o del lector.

Ni el autor ni el editor asumen responsabilidad alguna en nombre del comprador o lector de estos materiales. Cualquier desaire percibido de cualquier individuo u organización es puramente involuntario.

Tabla de contenido

Introducción

Permítanme comenzar compartiendo mis experiencias personales con ustedes. Escuché la palabra "Kundalini" de pasada hace algunos años. Leí sobre ella en Internet y luego la olvidé por completo. Entonces, un día, de repente, mientras estaba en una fiesta con mis amigos, algo extraño ocurrió.

Me presentaron a una señora llamada June, que se llamaba a sí misma curandera psíquica. Sonreí, condescendientemente cuando me dijo que era una psíquica. Me sonrió y me dijo: "Tu vida no va a ser la misma después de mañana". Simplemente se alejó después de hacerme esa declaración. "Tonterías", pensé. Con su comentario en mi mente, la pasé bien y me fui a casa y me acosté.

Cuando me acosté en la cama, una sensación aguda de algo que subía por mi columna me golpeó tan fuerte que me levanté asustado. Miré debajo de las sábanas para ver si algo me había mordido. ¡Pero no! La cama y las sábanas estaban limpias. Mi cabeza giró como si la sensación aguda estuviera ahora en mi cabeza. Mi cabeza estaba dando vueltas, y pensé que iba a morir. Estaba solo en casa y recuerdo que me sentí en pánico.

Lo más cercano que se me ocurrió para apoyarme fue un vaso de vino. Me serví una pequeña cantidad y me senté en el sofá frente al televisor. Mi hija había ido a un día de campo de la clase, y de alguna manera e inexplicablemente, supe que tenía que contactarla. La llamé por teléfono y me dijo que su campamento estaba en medio de un gran deslizamiento de tierra. Rápidamente llamé a mi amiga que vivía cerca del campamento, ¡y en pocos minutos mi hija y algunas de sus amigas fueron recogidas y llevadas a casa a salvo!

Me sentí aliviado, pero la extraña experiencia me dejó sacudido. ¿Cómo supe que tenía que llamar a mi hija en ese momento? ¿Cuál fue la sensación que tuve de algo afilado y doloroso subiendo por mi columna vertebral? ¿Por qué sentí que no estaba solo y que había gente conmigo en la habitación? Era extraño y aterrador.

A la mañana siguiente, llamé a June. Ella se convirtió en mi mentora y me guio en mi viaje del despertar de la Kundalini. Me dijo que lo que había experimentado la noche anterior estaba enraizado en antiguas enseñanzas. Recordé haber leído sobre ello unos años antes. June dijo que la lectura que hice hace años fue la primera chispa lista para convertirse en un fuego ahora.

Con su ayuda, aprendí a navegar a través del viaje del despertar de la Kundalini. Aprendí sobre los diferentes subtemas y cómo despertar este extraño poder, y, aun así, mantenerlo bajo mi control. Aprendí sobre el tantra, mantra, kriyas, yoga, asanas, técnicas de meditación, Shakti, Shiva, y mucho más. Este libro es una colección de todas mis lecciones de la Kundalini y su proceso de despertar.

Esta guía práctica del despertar de la Kundalini ayuda a los novatos a entender el poder ilimitado que cada uno de nosotros tiene en nuestros seres y le enseña cómo puede desatarlo y utilizarlo para su propio bien y el de las personas que le rodean.

Capítulo 1: Lo más básico: Kundalini, Shakti y Prana

Según el hinduismo, la *kundalini* se define como la energía femenina divina que yace latente en la base de la columna vertebral (que se llama el Muladhara) en forma de serpiente enroscada. La Kundalini es una palabra sánscrita que se traduce como "serpiente enroscada".

Shaiva tantra, un subsector tántrico del hinduismo, también cree en el profundo poder de la Kundalini. Según el Shaiva tantra, el poder de Adi Parashakti o Mahadevi, la suprema deidad femenina, yace en un estado latente de inactividad como una serpiente enroscada en el Muladhara. Otros nombres de Adi Parashakti son:

- Parama Shakti
- Adi Shakti
- Mahashakti
- Mahadevi
- Mahagauri
- Mahakali
- Satyam Shakti

En sánscrito, Parama significa "absoluto", "maha" significa "grande" y Satya significa "verdad". Esta poderosa deidad femenina también se conoce simplemente como "Shakti". La Kundalini también se asocia con otras deidades femeninas como Kubjika y Bhairavi.

En el siglo IX, los conceptos basados en la Kundalini shakti fueron incorporados al hatha yoga. Hatha en sánscrito se traduce como "fuerza", que se refiere a una práctica que se centra en las técnicas físicas. Hoy en día, los conceptos de la Kundalini se han introducido en muchas otras formas de hinduismo y pensamientos filosóficos de la Nueva Era del mundo occidental.

Despertar a la serpiente enroscada en el Muladhara es la base del despertar de la Kundalini. Las tradiciones antiguas hablan de diferentes métodos, incluyendo el tantra, el mantra, el yantra y las asanas, o la meditación que se puede utilizar para el despertar de la Kundalini.

El tantra se refiere a una tradición esotérica que se desarrolló casi simultáneamente a partir del budismo y el hinduismo a mediados del primer milenio. El mantra se refiere al sistema de canto de sonidos sagrados en forma de sílabas, palabras o grupos de palabras, o incluso versos.

Yantra (conocido por estar enraizado en el tantra) se refiere al sistema de dibujar intrincados diagramas místicos utilizados para la oración y la adoración. Estos diagramas se utilizan en la meditación y se cree que tienen poderes ocultos que pueden ser aprovechados para beneficiar al practicante. Las asanas son posturas corporales originalmente usadas para la meditación, pero más tarde introducidas en el hatha yoga como una forma de ejercicio físico. De acuerdo con los Yoga-sutras de Patanjali, una asana se define como una posición que se puede mantener durante algún tiempo, cómoda y estable.

La meditación implica el uso de varias técnicas para entrenar la mente a enfocarse en un objeto o pensamiento o cualquier otra herramienta para lograr un estado de calma y estabilidad. Estos métodos para el despertar de la Kundalini se discuten en otro capítulo. El Kundalini Yoga está altamente influenciado por el shaktismo y varias escuelas de tantra del hinduismo. El estado de despertar de la Kundalini se describe a menudo como una clara y distintiva sensación de corriente eléctrica que pasa a través de la columna vertebral.

Etimología de la Kundalini

La Kundalini Yoga o Kundalini Shakti se encuentra en las antiguas escrituras hindúes llamadas Upanishads. Se cree que fueron formuladas en cualquier lugar entre los siglos VII y IX a. C., o tal vez incluso antes. Las fechas son irrelevantes para el estudio del esotérico, pero maravilloso, tema de la Kundalini, excepto para saber que es una antigua práctica usada por la humanidad durante siglos.

La raíz de la palabra "Kundalini" está en el verbo sánscrito, "kindalin", que significa "anular o circular". La palabra se menciona como un sustantivo para una serpiente en posición circular en una obra del siglo XII llamada Rajatarangini. Esta fue una crónica de los reyes y reinos de la zona que forma parte de la actual India del Norte.

"Kunda", que es un nombre sánscrito para una olla o tazón de agua, es el nombre de un Naga (un personaje serpiente) en el Mahabharata, una de las dos épocas del hinduismo, la otra es el Ramayan. También se cree que el Mahabharata fue compuesto en los siglos anteriores al nacimiento de Cristo.

En el shaktismo y el tantrismo, "kundali" se utiliza a menudo como nombre de la diosa Durga, otra forma de shakti desde el siglo XI en adelante. Durante el siglo XV, la Kundalini fue adoptada en el hatha yoga como un término técnico, y la práctica del despertar de la Kundalini comenzó a ser practicada ampliamente alrededor del siglo

XVI. La Kundalini puede, por lo tanto, ser reformulada como "el poder en espiral" que yace inactivo en la base de la columna vertebral.

El shaivismo tántrico y la Kundalini

El shaivismo (data del siglo V) o Shaiva Siddhanta (que se traduce como "la doctrina de Shiva") es la más antigua tradición conocida del shaivismo tántrico. El shaivismo enfatiza la devoción y la adoración al señor Shiva, que se cree que es el ser supremo del universo. La teología del shaivismo presenta tres realidades universales, a saber:

- El pashu (o el alma individual de cada humano)
- El pati (o el ser supremo que es el señor Shiva)
- El pasha (que representa la esclavitud y el apego del alma al mundo materialista debido a la ignorancia (la falta de conocimiento espiritual definitivo), el karma (nuestras acciones en el mundo materialista), y el maya (la incapacidad de ver más allá de la ilusión del materialismo)

El shaivismo propaga el servicio a la comunidad, la vida ética y el compromiso con la propia profesión, la devoción amorosa al señor Shiva, la práctica del yoga y la construcción continua de la conciencia de sí mismo como principios importantes para la liberación de las almas individuales. Algunos expertos creen que el tantra de Shaiva podría haberse originado en Cachemira alrededor del siglo X. Sin embargo, después de las invasiones islámicas en el norte, el shaivismo se propagó más en el sur de la India. Además de la India, el Shaiva Siddhanta es popular en otros países como Singapur, Malasia y Sri Lanka.

La Kundalini es una doctrina principal del shaktismo, un culto dentro de la tradición Shaiva. Los seguidores del shaktismo creen que la realidad metafísica que todo lo abarca está en la energía femenina, Shakti, que es la Divinidad Suprema. La Kundalini representa esta conciencia metafísica innata y omnipresente.

Una imagen visual de la serpiente enroscada se menciona en un texto tántrico del siglo VIII llamado Tantra Sadbhava-tantra. En esta descripción, Shakti es el canal central, y la fuerza vital o el prana se mueve en dirección ascendente. Este movimiento ascendente de la Kundalini Shakti desde la base de la columna vertebral se ha mencionado en muchos trabajos posteriores.

En el shaktismo, la Kundalini es el poder espiritual innato latente, una representación de la diosa Kubjika, o la "Torcida", que también se conoce como Paradevi o la diosa suprema. Paradevi es también la fuente última de todo el poder y la felicidad pura. Ella es la fuente de todos los mantras. Ella reside en los seis chakras (un capítulo separado en este libro trata de los chakras en detalle) a lo largo del canal central.

Las tradiciones tántricas también hablan de dos tipos de Kundalini. Uno es el tipo de la Kundalini que se mueve hacia arriba (o la urdhva), que está conectada con la expansión y el crecimiento. El otro es el tipo de movimiento descendente (o el adha), que está relacionado con la contracción. La Kundalini, por lo tanto, es el poder de manifestar el cuerpo, la respiración y las experiencias de placer y dolor. Utiliza la sexualidad como fuente de reproducción.

El despertar de la Kundalini

El despertar de la Kundalini se describe como el progreso que la energía espiritual innata hace cuando se eleva desde la base de la columna vertebral o Muladhara para subir hacia la parte superior de la cabeza. Durante el despertar de la Kundalini, la vibración del practicante se salta de repente los niveles.

A medida que la energía o vibración espiritual innata pasa a través de los distintos chakras en su camino hacia la cima, el practicante experimenta diferentes niveles de despertar combinados con una experiencia mística en cada chakra. Cuando esta energía espiritual innata llega a la parte superior de la cabeza o al Sahasrara (o el chakra de la corona), se cree que el practicante experimenta una profunda transformación de la conciencia.

Los sabios y rishis que han tenido esta profunda experiencia han dejado descripciones impresionantes para que las lean los legos. Swami Shivananda Saraswati de la Sociedad de la Vida Divina ha registrado su experiencia en su libro titulado Kundalini Yoga. Escribe, *"Cuando el chakra de la corona es traspasado, el practicante experimentará visiones supersensuales en su ojo mental. Él o ella puede experimentar nuevos mundos llenos de encantos y maravillas indescriptibles. El practicante puede ver nuevos y hasta ahora ocultos planos de conciencia. El yogui experimentará pura felicidad, poder, conocimiento, y más en grados crecientes, inauditos en el mundo humano".*

Más sobre Shakti

De acuerdo con el shaktismo, shakti o prana, es la última fuente de todo en este universo. Todo lo que vemos a nuestro alrededor, y lo que sentimos y experimentamos en nuestro interior, no son más que diversas manifestaciones de esta shakti que lo abarca todo. Shakti impregna todo aquí y es mucho más sutil y fina que los más finos cuantos de energía mensurables dentro del universo tangible y físico que los humanos podemos sentir o percibir.

El poder de shakti, o prana, puede ser ignorado en el mundo normal o por personas que no buscan aprovechar sus capacidades más profundas. Sin embargo, es posible para aquellos que están dispuestos a sacarlo, trabajar con él, movilizarlo y dirigirlo, e incluso usarlo como una fuerza. Los practicantes experimentados de Kundalini Yoga saben que es posible aprovechar y usar el poder de la innata y latente shakti o prana de la misma manera que usamos y aprovechamos el poder de la electricidad.

Como se mencionó anteriormente, un despertar de la Kundalini puede describirse como algo parecido a cuando nuestras vibraciones energéticas saltan de nivel y se mueven hacia arriba. Para darles una analogía, en la escuela, vamos del primer al segundo al tercer grado, y así sucesivamente en pasos bien definidos, ¿cierto? Ahora, imaginen que pueden saltar un par de grados y pasar del 4º al 7º. ¿Qué pasaría?

Su cuerpo y su mente están expuestos a la vida de un 7º grado que no está preparado para aceptar los retos de este grado porque no ha aprendido aun lo que se le enseñó en el 5º y 6º grado. Curiosamente, el salto de los niveles de vibración puede ocurrir por múltiples razones, incluyendo traumas físicos y emocionales, estallidos emocionales, meditación profunda, etc. Cuando practica métodos estructurados definidos y diseñados para los despertares de la Kundalini, entonces está esencialmente preparándose para recibir su poder.

Más sobre el prana

La palabra sánscrita "prana" significa "fuerza vital". Otros significados de esta poderosa palabra de gran alcance incluyen "el aliento de vida", "aire vital", "principio de vida", y así sucesivamente. En los textos hindúes, el prana se describe a veces como originario del Sol y se cree que conecta todos los elementos.

El concepto de prana o la fuerza vital de vida se describe en los antiguos textos hindúes, incluyendo los Upanishads y los Vedas. Este concepto se explica con gran detalle en la literatura del hatha yoga, el ayurveda (medicina india) y los sistemas de tantra. El prana se divide típicamente en cinco componentes, a saber:

> Prana (o la energía de movimiento hacia adentro)

> Apana (la energía que se mueve hacia afuera)

> Vyana (la circulación de la energía)

> Udana (energía de la garganta y la cabeza)

➤ Samana (energía de digestión y asimilación)

Otra forma de categorizar el prana es a través del uso de "vayu" que es el sánscrito para el viento o el aire. El prana es considerado el vayu más primario y básico. Todos los demás tipos de vayu emergen del prana. Por lo tanto, los cinco componentes pueden ser redescritos usando vayu:

• Prana vayu: La ubicación del prana vayu se considera el corazón. Es responsable de hablar, cantar, reír, luchar, bailar, el arte y la artesanía, y otras tareas que los humanos hacen.

• Apana vayu (la respiración descendente): Ubicado en el ano, el apana yayu es responsable de permitir que la comida y la bebida entren en el cuerpo, moviendo el producto de desecho hacia abajo, y finalmente fuera del cuerpo.

• Udana vayu (la respiración ascendente): Ubicado en la garganta, el udana vayu es responsable de la tos, el hipo, los estornudos y los vómitos.

• Samana vayu: Ubicado en el ombligo, este vayu mezcla y asimila todo lo que se come y bebe.

• Vyana vayu: Ubicado en todas las articulaciones, este vayu es responsable del sentido del tacto, la flexión y el movimiento de las extremidades, los dolores de estómago y el sudor.

Los textos hindúes describen el prana como el que fluye a través de los nadis (o canales) en el cuerpo. Hay múltiples nadis en el cuerpo humano, de los cuales los tres más importantes incluyen:

• Ida en el lado izquierdo del cuerpo.
• Pingala en el lado derecho del cuerpo.
• Sushumna es el centro que conecta el Muladhara o el chakra de la base, con el Sahasrara o el chakra de la corona.

Pranayama

El uso de varias técnicas para acumular, expandir y trabajar con el prana se llama pranayama. Pranayama es uno de los ocho métodos de la práctica del yoga y se refiere a la práctica de las técnicas de control de la respiración. La práctica sistemática del pranayama permite al practicante obtener el control del prana.

Las técnicas de pranayama también ayudan a limpiar los nadis y a deshacerse de los bloqueos en ellos para una mejor y mayor circulación del prana. En algunas tradiciones, el pranayama se utiliza para detener la respiración y lograr el "samadhi" para aumentar la conciencia en una parte determinada del cuerpo. En la medicina india o ayurveda, el pranayama se utiliza para tratar enfermedades y mantener la salud general. Según los Yoga Shastras de Patanjali, el objetivo final del pranayama es el cese lento de la respiración, para interrumpir la inhalación y la exhalación con el fin de comprender el alma suprema omnipresente.

Diferencia entre la energía Kundalini (o shakti) y el prana

En esta etapa, podría tener sentido tratar de entender las diferencias entre la Kundalini shakti (o energía) y el prana, que son formas de energía, y sin embargo son diferentes. Después de todo, la energía es un término tan común usado para describir una variedad de fuerzas. Conocer la diferencia entre la energía Kundalini y la energía pránica le ayudará a dar un paso adelante en el siguiente nivel de desarrollo espiritual.

La energía es conocida por diferentes nombres en varios niveles. Para un buscador espiritual, el nivel más alto de energía es la energía espiritual. En un nivel emocional, el amor es una forma de energía. A nivel físico, el sexo entre dos parejas es una manifestación de energía. Las experiencias del despertar de la Kundalini son también un nivel físico de manifestación de energía.

Empecemos con la energía Kundalini. Imagine la energía necesaria para crear vida. Cuando un hombre y una mujer se unen para crear un bebé, esencialmente, están creando una nueva vida, ¿verdad? Se considera que el esperma tiene mucha energía potencial en él. Esta es la razón por la que cuando un hombre tiene un orgasmo (que esencialmente libera millones de espermatozoides en un lugar pequeño), se consume mucha energía.

Curiosamente, la energía sexual y la energía Kundalini están enraizadas en el mismo lugar: la base de la columna vertebral. De hecho, los practicantes de tantrismo pueden canalizar su energía sexual hacia otras partes del cuerpo y utilizarla para fines distintos de la reproducción. Intente este ejercicio para entender lo que es la energía Kundalini.

Apriete los músculos de los esfínteres (esencialmente los músculos de las nalgas y el ano y los músculos alrededor del área del estómago) con fuerza mientras inspira y libere los músculos mientras exhala. El ejercicio es algo así:

- Apriete los músculos de los esfínteres mientras inspira.
- Luego manténgalo durante 20 segundos.
- Luego exhale y libere la presión sobre los músculos.

Ahora bien, cuando se contiene la respiración por un tiempo, y si no se está acostumbrado a contener la respiración por mucho tiempo, es probable que se sienta incómodo. En la etapa de la incomodidad, sentirá que algo de energía sube por su columna vertebral. Esta energía es la misma que la energía sexual que un practicante tántrico dispersa al resto del cuerpo.

Así que, con el ejercicio que implica apretar y sostener los músculos de los esfínteres, está esencialmente tratando de despertar la Kundalini shakti o energía que yace como una serpiente enroscada en la base de su columna vertebral. Lo interesante del despertar de la Kundalini es que no solo puede experimentar esta energía subiendo en dirección a su chakra de la corona, sino que también se mueve en una formación ondulatoria, similar a la estructura del ADN.

El prana, o la energía pránica, es la energía universal que da poder a todo en este universo. Conecta todas las formas de vida. El prana es también la fuerza que está detrás del funcionamiento de la naturaleza y de cómo todo se mantiene en equilibrio. Por ejemplo:

- ¿Se ha preguntado alguna vez cómo el oxígeno, el dióxido de carbono, las plantas y animales salvajes, y todo lo demás a su alrededor sabe lo que tiene que hacer?
- ¿Se ha preguntado alguna vez cómo a pesar de que los leones (u otros depredadores) matan y comen ciervos (u otras presas), el número de presas y depredadores permanece equilibrado en la naturaleza?
- ¿Se ha preguntado alguna vez cómo diferentes personas componen este mundo y viven juntas?
- ¿No observa que parece haber un diseño ordenado detrás de todo en la naturaleza que mantiene todo en ella equilibrado y ordenado?

El poder detrás de este orden y estructura de la naturaleza es también el prana o la energía pránica que impregna todo el universo. Para experimentar la energía del prana, pruebe este ejercicio:

- Cierre los ojos y relájese.
- Respire profundamente y luego suelte todo lo que pueda.
- Repita la inhalación profunda y exprese todo lo que pueda soltar durante la exhalación.
- Mientras exhala, trate de soltar todas sus emociones, pensamientos y todo lo que pueda experimentar. Recuerde, no estamos tratando de lograr la perfección durante este proceso. Solo concéntrese en tratar de liberar todo lo que pueda de su sistema.

Mientras hace esto, trate de identificar esa parte de su cuerpo que es la fuente de toda la energía en este universo. Sí, este lugar dentro de su cuerpo, que es la fuente de toda la energía, existe. Podría estar en cualquier lugar. Podría estar en su corazón, vientre, área del pecho, cabeza, o en cualquier otro lugar. Es para que pueda identificar este lugar que contiene una parte del prana universal. Este lugar en su cuerpo se comporta como un agujero negro invertido porque a diferencia de un agujero negro que lo absorbe todo, este lugar le llena de luz infinita.

Cuando encuentre este lugar, intente respirar hacia dentro en este lugar del prana. A medida que lo hace, sentirá que todos los poros de su cuerpo se abren, y experimentará la sensación de nadar en un océano de energía blanca y brillante que impregna y rodea todo dentro y fuera de usted. Esta energía pránica nutre su cuerpo y mente a través de la glándula pineal y activa su cuerpo. Se necesita algo de práctica para alcanzar estos niveles de enfoque que le llevará al lugar de la energía pránica. Sin embargo, puede hacerse con una práctica paciente y diligente.

Por lo tanto, la energía Kundalini crea vida, y las personas que experimentan el despertar de la Kundalini tienen el poder de usar y dispersar esta Kundalini shakti a otras partes del cuerpo. La energía pránica, por otra parte, es la fuente de poder universal y penetra en todo el universo.

Lo importante que hay que recordar sobre la energía Kundalini es que mientras que varios métodos pueden ayudarle a despertarla, el despertar en sí mismo puede y ocurrirá solo cuando sea el momento para usted. Por lo tanto, mientras practica los métodos de este libro, es importante no impacientarse y no forzar nada en usted, su cuerpo y su mente. En su lugar, simplemente haga lo que tiene que hacer y espere a que ocurra en el momento adecuado.

Pero de nuevo, ¿hay alguna diferencia entre la energía Kundalini y la energía pránica? Esencialmente, la energía es la misma en todas partes, y solo aparece como diferentes manifestaciones dependiendo de la situación, lugar y estado de la mente. Por lo tanto, de muchas maneras, la energía Kundalini que fluye a través de la columna vertebral no es muy diferente del prana que fluye a través de ella.

El prana fluye a través de los canales primarios, a saber, Ida (fluyendo hacia arriba el Ida mientras inspiramos) y Pingala (fluyendo hacia abajo mientras exhalamos). La energía Kundalini es un prana potencialmente poderoso que yace enroscado en la base de la columna vertebral. Cuando se despierta, esta energía Kundalini fluye hacia arriba del Sushumna y tiene el potencial de llevarnos a la iluminación espiritual.

Capítulo 2: ¿Qué es un despertar de la Kundalini?

En el capítulo anterior, se le dio un vistazo de lo que el despertar de Kundalini puede ser. Este capítulo está dedicado enteramente al despertar de la Kundalini. Aprenderá lo que es, qué métodos se utilizan para despertarla (tanto de forma espontánea como consciente), los síntomas que es probable que experimente y cómo se siente.

Así que, para reiterar, la Kundalini es la energía creativa femenina que yace latente (en forma de serpiente enroscada) en la base de la columna vertebral en cada uno de nosotros. Sin embargo, no hay evidencia física de la presencia de este elemento en forma de serpiente en nuestro cuerpo. Es una forma de energía sutil que tiene el poder de despertar y conocer su presencia cuando experimentas su poder.

La Kundalini, como el prana y los nadis o canales a través de los cuales fluye, es invisible al ojo humano, pero puede ser sentida y experimentada cuando está en su estado activo. Esta sutil forma de energía contiene otros elementos de nuestro yo no físico, incluyendo nuestras huellas energéticas, nuestros patrones de energía naturales y adquiridos, y también las huellas emocionales. Kundalini es el lugar donde están nuestras experiencias de vida, incluyendo las creadas por nuestra familia, cultura y sociedad (llamadas colectivamente "samskara" en sánscrito).

Curiosamente, aunque la energía contenida en nuestra Kundalini parece metafórica, o incluso metafísica para los novatos, puede estar seguro de que no lo es. La Kundalini es sutil, pero definitivamente existe y es algo que muchos de nosotros somos capaces de activar y despertar usando una variedad de métodos, incluyendo la meditación, el yoga y otros.

Puede sentir la energía Kundalini de la misma manera que puede sentir su piel o ver algo colorido a través de sus ojos. En el estado despierto, puede sentir la energía Kundalini danzar arriba y abajo a través de su columna vertebral y los nadis en su cuerpo. A medida que se mueve libremente, también puede sentir la disolución de todos los bloqueos de energía en su cuerpo. A medida que se liberan los diferentes bloqueos de energía acumulados a lo largo de los años, su comprensión de las creencias de larga data se mejora, y puede ver las cosas en una forma más clara que antes.

La elevación de la Kundalini se llama despertar porque es literalmente así, el despertar de su estado de inactividad. La Kundalini shakti se despierta de su sueño y baila hacia arriba en un esfuerzo por volver al señor Shiva, el ser supremo, según los shaivitas. Cuando la Kundalini shakti rompe el chakra de la corona, es como una gota del océano (reflejando a cada humano) convirtiéndose en uno con el poderoso océano o la energía universal.

La mayoría de los expertos están de acuerdo en que despertar la Kundalini sin la guía de un gurú puede ser peligroso, tanto para usted como para las personas que le rodean. El despertar de la Kundalini puede ocurrir ya sea a través de la práctica consciente del yoga, la meditación y otras técnicas y como resultado de un trauma, una experiencia cercana a la muerte, una enfermedad debilitante, en los sueños, el mal uso y el abuso de las drogas o incluso teniendo relaciones sexuales con una pareja con la Kundalini despierta. El despertar de la Kundalini requiere niveles sin precedentes de la firme disciplina de nuestro cuerpo y mente para que podamos estar listos para aceptar las responsabilidades que acompañan al poder de despertar la Kundalini innata.

Entonces, ¿por qué alguien debería tratar de despertar la Kundalini shakti? En última instancia, el despertar de la Kundalini viaja de vuelta a Dios o al poder divino universal. Ayuda a deshacerse de su ego, también, al entregarse a la divinidad universal. El propósito final del despertar de la Kundalini es para la autorrealización.

Sí, el despertar de la Kundalini puede parecer una experiencia loca que puede llevarle a situaciones más allá del control humano. Sin embargo, eso es solo una parte del proceso. La Kundalini es, en realidad, un proceso orgánico e inteligente con un propósito sistemático al final.

Una Kundalini despierta le ayuda a desatar todos los nudos emocionales y mentales de su mente para que pueda ver el verdadero propósito de su vida, en particular, y del universo, en general. El despertar de la Kundalini es el levantamiento de la Shakti en su interior. También significa que el camino para que Shiva entre en usted se está despejando y preparando.

El despertar de la Kundalini significa que Shakti está llamando a Shiva para que baje y se encuentre con ella, incluso cuando ella sube para encontrarse con él. El Despertar de la Kundalini es un ejercicio para traer la divinidad a nuestro mundo materialista más que tratar de trascender nuestra vida. El Despertar de la Kundalini es un proceso de purificación de nuestro cuerpo, mente y alma para que nos convirtamos en recipientes listos para recibir y mantener el poder divino universal dentro de nosotros.

Desde una perspectiva fisiológica, puede relacionar el despertar de la Kundalini con el funcionamiento de su sistema nervioso central. Cuando la Kundalini se activa, la energía hasta ahora inactiva sube por el Sushumna Nadi de un chakra a otro hasta que llega a la parte superior de la cabeza o al chakra de la corona. El sistema nervioso central de nuestro cuerpo funciona de la misma manera. Los aspectos primarios del sistema nervioso central están localizados en la columna vertebral, y transmite señales entre el resto del cuerpo y el cerebro (o la parte superior de la cabeza).

El despertar de la Kundalini es frecuentemente visto como una revelación divina, ya que viene con una multitud de experiencias místicas como la conexión con el universo entero, la felicidad, los hermosos colores y luces, y la percepción de planos de conciencia más allá de los humanos. La verdad, curiosamente, es que el despertar de la Kundalini no es nada más que el primer paso de un largo viaje de regreso al lugar de donde uno viene. Cuando usted levanta a la inactiva y dormida Shakti, el verdadero trabajo está a punto de comenzar.

Si ha pasado por el proceso de curación y purificación espiritual, entonces sería una transición suave y no tan difícil que ocurre cuando la Kundalini despierta. Sin embargo, si la Shakti despierta antes de que esté listo o si tiene prisa, entonces la experiencia puede ser bastante desagradable.

Efectivamente, cuando la Kundalini se despierta, es como despertar a un gigante dormido o a una giganta, en este caso. Ella purificará su cuerpo, corazón y mente. Sin embargo, si usted tiene la Kundalini antes de que haya tratado con los problemas y otros aspectos desagradables de su vida, entonces el proceso de "limpieza" puede golpearle muy duro. Por lo tanto, es imperativo que no fuerce el despertar de la Kundalini. Déjela despertar a su tiempo cuando sepa que está listo para aceptarla en el estado activo.

El proceso de purificación necesario antes de que se despierte la Kundalini shakti puede ser difícil e intenso. Puede ser necesario hospitalizarlo o incluso internarlo, ya que puede ser bastante desorientador vivir en el mundo materialista con una Kundalini completamente despierta. Una vez que Ella despierte, entonces su mundo nunca será el mismo.

Por lo tanto, si usted está interesado en despertar la Kundalini Shakti que yace latente en usted, entonces asegúrese de entender realmente su impacto potencial. Comprender cuán profundos son sus deseos, y saber que el camino no será fácil. Finalmente, recuérdese que, si despierta la Kundalini, podría enfrentar una situación en la que desearía no haberla despertado.

Despertar la Kundalini shakti no se trata solo de poderes psíquicos y la felicidad y la unidad con el universo. También es el duro trabajo que implica el camino espiritual. Sin embargo, una vez que ELLA está despierta, entonces ELLA está en control, y solo puede hacer lo que tiene que hacer. Así que, tome una decisión después de pensar bien las cosas.

Síntomas del despertar de la Kundalini

Una de las primeras señales del despertar de la Kundalini son ciertos síntomas físicos inexplicables. Si tiene alguno de estos síntomas físicos, visite a un médico y hágase examinar y comprobar médica y físicamente para descartar cualquier problema clínico. Independientemente de la intensidad y lo extraño de los síntomas físicos que puede experimentar, recuerde estar conectado con la realidad en todo momento. Cuídese, alimente bien su cuerpo, haga ejercicio regularmente y asegúrese de no tener ningún motivo de preocupación médica.

Los resultados iniciales del despertar de la Kundalini pueden variar desde un simple y profundo anhelo de conocer y conectarse con Dios hasta una intensa sensación de algo como una ola de calor que sube por su columna vertebral y estalla en el chakra de la corona o en la parte superior de su cabeza. Frecuentemente, sentirá una sensación de felicidad o unidad con todo y todos a su alrededor mientras su realidad y conciencia se expande para cubrir mucho más en este universo que lo que siente actualmente con su cuerpo humano y sus sentidos.

Podría sentir una felicidad total acompañada de sacudidas corporales repentinas que podrían asustarle. Solo trata de permanecer conectado a sí mismo y a su realidad humana durante tales episodios. Otro fenómeno interesante del despertar de la Kundalini es que, tanto si es practicante de yoga como si no, se encontrará moviéndose espontáneamente hacia posturas de yoga y asanas que nunca ha hecho antes. Aquí están las experiencias comunes de pasar por el proceso del despertar de la Kundalini:

- Espontáneamente comienza un viaje de reconocimiento emocional. Se encuentra mirando su vida pasada, o bien se pierde ciertas cosas o se siente triste por haber tenido que experimentar eventos desagradables.

- Gastará mucho tiempo y energía en desempacar y limpiar el desorden emocional y mental de su vida. Este es el mejor momento para mirar todo lo que le entristece y dejarlo ir.

- Podría tener síntomas físicos en forma de sudoración excesiva, despertarse durante la noche sin rima ni razón, y a veces incluso llorando.

- Podría tener un deseo repentino de hacer cambios radicales en su vida. Esta necesidad de cambio podría cubrir cualquier aspecto de su vida, incluyendo sus amigos, trabajo, relaciones, dieta, regímenes de ejercicio y más. Lo más importante es que se dará cuenta de qué y por qué ciertas cosas no funcionan en su vida.

- Se vuelve extremadamente consciente de que su mente ha sido la única cosa que le ha limitado para alcanzar su máximo potencial. Se da cuenta de que su ego le ha mantenido atrapado en una vida limitada a pesar de saber que el vasto universo le llama.

- Ciertamente experimentará increíbles sincronizaciones en su vida. Esto significa que ciertas cosas parecen caer en su lugar de forma automática y alineadas con sus sueños y metas.

- Su capacidad de sentir y percibir las emociones de los demás mejorará significativamente. Esta capacidad puede ser un gran obstáculo inicialmente, considerando que le abrumará. Sin embargo, esta mejora en su capacidad empática es la primera señal de la apertura de su tercer ojo. Se da cuenta del poder de la conexión impecable de todo en el universo.

- Además, le resulta fácil ver a través de las personas y conocer sus verdaderas intenciones, normalmente enmascaradas detrás de un comportamiento forzado. Su capacidad para discernir entre la gente buena y aquellos que pretenden serlo aumenta significativamente.

- Comienza a mirar todo lo que le rodea con nuevos ojos. Su visión de la religión, la política, la tradición, etc. experimenta un gran cambio, y se pregunta qué vio en ellos antes.

- Siente una profunda necesidad de servir a los demás, en especial a los que realmente necesitan su ayuda. Se da cuenta de que ayudar a la gente necesitada es el primordial servicio que un humano puede hacer por otro.

Cuando la Kundalini se despierta, un novato no preparado probablemente se sentirá "fuera de serie" o tendrá lo que él o ella cree que son "experiencias extrañas y desconocidas". Podría sentirse desconectado de la realidad y puede desarrollar capacidades únicas, algo que los psíquicos y curanderos llaman el "sexto sentido". Otros síntomas del despertar de la Kundalini incluyen:

- Sensibilidad aumentada e incontrolable a la energía, el sonido y la luz. Normalmente, la persona siente que todos los sentidos están sobrecargados.

- Un profundo anhelo de crecimiento espiritual.

- Aumento de la creatividad.

- Intensa compasión y amor por los demás.

- Un inexplicable sentimiento de que algo grande en el reino espiritual va a suceder.

- Sensaciones energéticas como rayos internos que corren por el cuerpo.

- Movimientos espasmódicos incontrolables en el cuerpo del practicante.

- Sensaciones de tener algo espeluznante y rastrero como serpientes, hormigas o arañas arrastrándose por todo el cuerpo, especialmente a lo largo de la columna vertebral.

- Sentir un frío intenso en todas las partes del cuerpo excepto en una de las posiciones de los chakras donde se puede sentir un calor intenso.

- Formación espontánea y automática de asanas y kriyas (posturas de yoga), posiciones de bloqueo del cuerpo (Bandhas), mudras (gestos con las manos) y pranayama. Típicamente, la persona afectada puede no haber aprendido o estudiado estas técnicas de movimiento de manos y cuerpo antes.

- Olas de éxtasis y placer, casi como un orgasmo.

- Patrones de respiración espontáneos como los descritos en el pranayama, incluso si la persona que lo experimenta puede que nunca haya oído hablar de él o lo haya aprendido de ningún sitio.

- Sensaciones de sonidos extraños como un instrumento musical o como una flauta o un violín, truenos, mantras sagrados en sánscrito, sonidos de animales, golpes de tambor o cualquier otra cosa que los demás no puedan oír.

- Enormes cambios de humor que van más allá de lo que la persona es normalmente capaz de tener.

- Olas de sabiduría sobre la realidad de la vida y el universo.

- Todo en el campo de visión parece vibrar y brillar intensamente, llevando a la comprensión de que todo está interconectado.

- Trastornos gastrointestinales como náuseas, vómitos, diarrea, etc.

- Disminución o aumento de la actividad metabólica.

- Calambres, entumecimiento, dolor e inquietud en las extremidades.

Los síntomas físicos que se manifiestan en su cuerpo durante el despertar de la Kundalini serán atípicos y difíciles de diagnosticar y/o tratar con drogas y medicinas tradicionales. El diagnóstico se explicará más a menudo como psicosomático o un problema emocional o mental subyacente que no se ha resuelto.

La mayoría de nosotros tenemos bloqueos y desequilibrios energéticos junto con hábitos de estilo de vida que agotan la energía, que nos impiden obtener todos los poderes de nuestra vitalidad para llevar una vida plena y significativa. Gracias a estos bloqueos y desequilibrios energéticos, sentimos que nuestra atención se dispersa improductivamente por todas partes; nos sentimos inexplicablemente fatigados y aburridos. El despertar de la Kundalini ayuda a la gente a deshacerse de estos bloqueos de múltiples maneras, incluyendo el hacer que sus cuerpos se muevan espontáneamente en posturas yóguicas.

Estas posturas de yoga espontáneas en las que su cuerpo entra ayudan a limpiar su sistema de todas las energías negativas. La Kundalini despierta hace esto para ayudar a liberar los nudos emocionales, físicos y mentales acumulados en tu cuerpo. La Kundalini le conduce a mover su cuerpo de manera que parezca que está realizando asanas de yoga. A medida que la Kundalini despierta, todas las emociones pasadas que ha mantenido en secreto o incluso olvidadas, salen de su sistema. Sentimientos de negación, rechazos, traumas y todo lo demás se eliminan de su cuerpo y mente.

Este proceso es difícil porque la eliminación de la negatividad no ocurre sin problemas si no está preparado. Con una Kundalini despierta, el universo conspirará para acelerar el funcionamiento de su karma a un ritmo más rápido que antes, para el cual podría no estar preparado. Por lo tanto, forzar su Kundalini a despertar puede ser contraproducente para el objetivo espiritual final del ejercicio.

El truco con el proceso y los resultados del despertar de la Kundalini es que, si se hace de manera desequilibrada, el practicante podría terminar con algo conocido en el mundo espiritual como el Síndrome de Kundalini. El Síndrome de Kundalini puede definirse vagamente como un conjunto de experiencias afectivas, sensoriales, mentales y motoras que son extrañas, desconocidas e inducen miedo.

Con el despertar de la Kundalini, asustarse de explorar un reino desconocido y extraño es natural. Es importante recordarles que la Kundalini no ofrece ninguna cura mágica para todos sus males. Lo que le ofrece es el poder de trascender el mundo materialista espiritual y físicamente para que sepa y entienda que hay mucho más en este universo que su vida. Esta revelación le ayudará a asentarse y aprender a aceptar y abrazar todas sus experiencias vitales con ecuanimidad, incluso cuando se sienta más capacitado que antes para manejar los problemas y asuntos de su vida rutinaria.

Algunas personas que se ven empujadas a esta nueva experiencia encuentran difícil hacer frente a ella. Por lo tanto, sienten la necesidad de buscar refugio en el alcohol, las drogas y otras sustancias adictivas. Lo mejor para ayudarse a sí mismo a lidiar con este miedo es educarse sobre la Kundalini y sus poderes cuando se despierta para que pueda prepararse bien.

Despertar la Kundalini puede tener otros resultados desagradables, incluyendo el fin de ciertas relaciones en su vida, una reorientación de su vida profesional y personal, y deshacer los hábitos de su antigua vida. Puede ser doloroso porque puede que no quiera renunciar a ciertas personas y cosas. Sus intentos de aferrarse a ellas incluso mientras intenta continuar su viaje del despertar de la Kundalini puede causar mucho sufrimiento tanto para usted como para las personas de su vida a las que no está preparado para dejar ir.

Es vital recordar aquí que la Kundalini no es una enfermedad como los síntomas del " síndrome de Kundalini" descritos anteriormente podrían hacer creer a los novatos que lo es. Cuando las condiciones no son correctas en el momento del despertar de la Kundalini, entonces el proceso puede conducir a enfermedades psicológicas y físicas que aparecen como síntomas "similares a la enfermedad". Por lo tanto, es mejor llamar a estas experiencias como " señales del despertar de la Kundalini" en lugar de síntomas.

Cuanto más trabajo realice en sí mismo antes del despertar de la Kundalini, más suave y fácil será todo el proceso. Los despertares espontáneos o forzados no son buenos porque tendrá que pasar por un camino difícil. Requiere tiempo y esfuerzo. Pero eventualmente, el despertar de la Kundalini transforma la vida del practicante a nivel físico, emocional y espiritual.

Los beneficios de una Kundalini despierta son numerosos. Se convertirá en un empático debido a su mayor sensibilidad a muchas energías a su alrededor. Como empático, puede tener un impacto positivo en las personas de su vida. Las capacidades psíquicas debido al despertar de la Kundalini ayudan a construir su creatividad y carisma personal, de forma natural y sin efectos secundarios. Conocerá y experimentará una paz real, y nada del mundo exterior hará mella en esta sensación de calma que logrará en su interior. Los confusos misterios de la vida ya no serán un misterio para usted.

Capítulo 3: Kundalini y la meditación

Ahora que hemos pasado los aspectos teóricos de la Kundalini Yoga, es hora de seguir adelante con el trabajo práctico. Entonces, ¿cómo se empieza con la Kundalini Yoga? Bueno, como se mencionó anteriormente, el proceso de despertar debe suceder lentamente sin apresurarse o forzar nada en su persona. Este capítulo está enfocado en iniciarle en técnicas simples de meditación que le ayudarán a incrementar la autoconciencia y los poderes de concentración.

Estas técnicas básicas de meditación son críticas para aprender y dominar, porque a través de ellas no solo podrá identificar sus fortalezas y debilidades, sino que también podrá aceptar múltiples aspectos desagradables pasados y presentes de su personalidad. Cuanto más usted aprenda sobre sí mismo, mejor control tendrá sobre su vida.

Aceptar los rasgos de personalidad y otros aspectos positivos de nuestra vida suele ser fácil para la mayoría de nosotros. Sin embargo, reconocer nuestras debilidades, abrazarlas y amarnos a pesar de ellas es una capacidad que requiere cierta práctica. Las técnicas básicas de meditación que se centran en observaciones sin juicios de nuestras experiencias de vida son una gran manera de comenzar este viaje de autodescubrimiento. Así que, comencemos.

La mayoría de nosotros vivimos nuestras vidas sin pensar, corriendo de una tarea a otra sin siquiera ser conscientes de lo que estamos haciendo, y a veces, incluso por qué lo estamos haciendo. Nos levantamos cada mañana, nos apresuramos en nuestras abluciones matinales, engullimos nuestro desayuno, nos precipitamos en el tráfico pesado para llegar a nuestro lugar de trabajo, y trabajamos de la mañana a la noche hasta que es hora de ir a casa y nos quedamos dormidos completamente enervados y exhaustos.

A menudo, la mayoría de nosotros sentimos que no tenemos un propósito en la vida. Ni siquiera sabemos cuáles son nuestros deseos e intenciones. Hacemos la mayoría de las cosas en la vida porque otras personas lo hacen o porque es una moda pasajera. Queremos ganar dinero porque otros lo ven como una forma de tener éxito. Queremos ser famosos porque eso parece ser lo que hay que hacer hoy en día. Realmente no nos conocemos a nosotros mismos o lo que realmente queremos en la vida.

El primer paso para despojarse de este apuro de la vida es empezar a meditar. La meditación le ayuda a vivir la vida con una mayor conciencia y una mayor intención. La meditación Kundalini es una forma avanzada de meditación donde tratas de despertar la Kundalini. Pero antes de eso, empecemos con algunos fundamentos.

¿Qué es la meditación?

La meditación es un proceso estructurado que utiliza diversas técnicas, como la de la atención plena, a través de la cual el practicante aprende a centrar su mente en un objeto, una actividad o un pensamiento para aumentar la conciencia de sí mismo y centrar la atención. La meditación ayuda al practicante a lograr un estado mental tranquilo, claro y despejado.

La meditación ha sido practicada por los humanos durante eones. Ha sido un principio importante de múltiples religiones en las que los seguidores la han utilizado para buscar la iluminación espiritual y la autorrealización. Los primeros registros conocidos de la meditación se encuentran en textos hindúes como los Vedas y los Upanishads, donde la idea se llama "Dhyana". La meditación también se encuentra en el budismo, especialmente en la forma de atención.

Desde principios del siglo XIX, el concepto y la práctica de la meditación y la atención se han extendido al mundo occidental. Se sigue investigando científicamente este fascinante tema. Gracias a los resultados positivos de estos estudios de investigación, la práctica de la meditación forma parte de las múltiples terapias utilizadas por los médicos y especialista occidentales.

La meditación se ha convertido en una herramienta importante en el campo de la psiquiatría y la psicología, y se está investigando su utilización como terapia complementaria para tratar numerosas enfermedades psicológicas y mentales, muchas de las cuales son muy prometedoras. Todo esto demuestra que la mente humana juega un papel importante en nuestras vidas, incluyendo la forma en que nuestra personalidad resulta, la forma en que nos comportamos y la forma en que vivimos. Sin embargo, la mayoría de nosotros minimizamos, consciente o inconscientemente, la importancia de entrenar nuestras mentes para llevar una vida mejor. La meditación es una gran manera de entrenar su mente conscientemente para que pueda usar sus profundos poderes para lograr cambios positivos en su vida.

Así que, comencemos por encontrar respuestas a algunas de las preguntas básicas sobre la meditación, incluyendo:

- ¿Dónde y cuándo debería meditar?
- ¿Qué debería hacer con su cuerpo mientras medita?
- ¿Cuánto tiempo debería meditar?
- ¿Qué hacer con su mente durante la meditación?

- ¿Con qué frecuencia debería meditar?

¿Dónde y cuándo debería meditar? Técnicamente, puede meditar en cualquier lugar y en cualquier momento. Puede sentarse en una silla, en el suelo, o incluso mientras está acostado en la cama. ¿Por qué? Porque meditar es un ejercicio para la mente y no para el cuerpo. Sin embargo, hay una forma óptima de meditar para que obtenga los máximos beneficios. Por ejemplo, meditar mientras se está acostado en la cama puede no ser una gran idea porque podría quedarse dormido sin querer.

Sentarse en el suelo con la espalda erguida, pero relajada, se considera la mejor manera de meditar. Esta posición le permite permanecer bien despierto, y sentarse en esta posición puede ser realmente cómodo durante largos períodos, aunque inicialmente no esté acostumbrado a ello. Con la práctica, verá que sentarse en el suelo es una de las mejores maneras de meditar. Y, aun así, si tiene problemas para sentarse con las piernas cruzadas en el suelo, puede sentarse en una silla con la espalda erguida.

Además, elija un lugar libre de distracciones y perturbaciones. Asegúrese de que sea un lugar cómodo, no muy caliente o frío. Una botella de agua a su lado puede ayudar si quiere tomar un pequeño descanso. Elija su ropa sabiamente también para que no se sienta incómodo, considerando que los tipos de tela pueden pegarse a su piel y causar picazón o rasguños, lo que podría distraerlo de su meditación. La ropa limpia, fresca y de colores claros le hace sentir fresco y ligero y es propicia para la meditación.

¿Qué debería hacer con su cuerpo mientras medita? Los pies son las partes del cuerpo más importantes en las que hay que concentrarse mientras se medita. Sentarse en el suelo con un pie sobre el otro es lo que recomiendan los meditadores y adeptos experimentados.

Sin embargo, si esta posición no es posible (especialmente en las primeras etapas del aprendizaje y la práctica de la meditación), entonces está perfectamente bien sentarse con las piernas cruzadas y con una pierna sobre la otra. Los brazos deben descansar sobre los muslos y las palmas de las manos deben apoyarse una encima de la otra, formando la forma de una taza y descansando sobre las piernas dobladas.

Su espalda debería estar erguida, pero no rígida. Una posición relajada sin molestias en ninguna parte del cuerpo es fundamental para la meditación. La cabeza debe estar recta, no inclinada ni hacia arriba ni hacia abajo. Sus ojos pueden estar abiertos o cerrados mientras medita. Sin embargo, en los días iniciales de la práctica, si mantiene los ojos abiertos, es probable que se distraiga con las vistas que le rodean, lo que dificulta el enfoque. Por lo tanto, como principiante, es mejor meditar con los ojos cerrados para aumentar la facilidad de lograr el enfoque. Sin embargo, si medita con los ojos abiertos, es mejor no enfocar ningún objeto o cosa frente a usted. Es mejor mirar a la distancia.

El momento de la meditación depende de la persona. El truco es encontrar un momento en el que sepa que no será molestado por nada ni nadie. Además, no medite cuando sienta hambre excesiva o esté demasiado lleno, ya que lo desagradable de su estómago podría distraerle de su meditación.

Teniendo en cuenta estos elementos, puede ser mejor meditar tan pronto como se despierte antes de que otros en su casa se despierten y le distraigan. Hágalo justo antes de irse a la cama después de que otros se hayan dormido. Recuerde que puede meditar en cualquier momento del día o de la noche cuando le apetezca.

¿Cuánto tiempo debería meditar? En los primeros días, podría ser una buena idea no programar el temporizador por mucho tiempo. Esto se debe a que el tiempo tiende a ir más lento de lo normal cuando se medita. Cuando el tiempo pasa lentamente, y aún no está acostumbrado a estar sentado tranquilamente durante mucho tiempo, entonces es probable que su mente se vea perturbada y distraída por los pensamientos de cuánto tiempo falta para el final de la sesión.

Por lo tanto, comience con un período corto, tal vez cinco minutos (o incluso menos si quiere). Aprenda a sentarse quieto durante el período elegido hasta que se sienta cómodo. Luego puede aumentar gradualmente esta duración hasta que pueda meditar por lo menos 30 minutos de corrido.

¿Qué hacer con su mente durante la meditación? Este es el verdadero truco de la meditación. Hay una variedad de elementos y cosas que los meditadores usan para enfocar sus mentes durante la sesión de meditación. Por ejemplo, en algunas meditaciones, es necesario enfocarse en un objeto que esté delante de usted. Algunas técnicas de meditación incluyen el canto de mantras.

Una de las formas más básicas de meditación que se adapta mejor a los principiantes es la meditación de respiración con atención plena. No solo es fácil de aprender (dominarla llevará tiempo y una práctica diligente), sino que es tan poderosa como cualquier otra forma de meditación, incluyendo la recitación de mantras complejos. Como su nombre lo indica, el foco de este tipo de meditación es la respiración.

Primero, asegúrese de que está respirando por la nariz y no por la boca. Una vez que lo haya hecho bien, solo tiene que concentrarse en su respiración y observar la forma en que el aire entra y sale de sus fosas nasales mientras inspira y espira. Observe la forma en que el aire se siente al entrar y salir de sus fosas nasales mientras inhala y exhala.

Observe cómo su respiración pasa de la inhalación a la exhalación. Observe esa pequeña (casi imperceptible) pausa entre la inhalación y la exhalación. Observe todo lo relacionado con su proceso de respiración. No intente controlar su respiración, ni ralentizarla ni acelerarla. Solo observe sin juzgar, sin criticar, elogiar o formar opiniones en su mente.

Lo que notará muy pronto es que los pensamientos vendrán a su mente más temprano que tarde, distrayéndole de esta tarea de observar su respiración. Así que, por simple que parezca, este ejercicio requiere su total atención a la tarea que tiene entre manos. Sus pensamientos son tan numerosos y variados que notará cómo cada pensamiento se mueve hacia el siguiente sin control. Por ejemplo, podría tener estos pensamientos:

- Me pregunto qué debería cocinar para la cena. ¿Quizás comida para llevar?
- Lo que mi amigo hizo hoy estuvo mal. Me siento tan herido. Desearía haberle dicho algo.
- Espero que mi hija haya terminado sus deberes hoy.
- Tengo que llevar a mi madre al hospital mañana.
- Espero terminar mi proyecto a tiempo.

No fuerce su entrada o salida de cualquier pensamiento que venga a distraerle. Permanezca con el pensamiento hasta que desaparezca, y luego suavemente vuelva a poner su atención en su respiración. Tomará tiempo dominar esta técnica porque sus pensamientos vendrán continuamente y le distraerán. Permita que le distraigan. Controlar sus pensamientos sería contraproducente. A medida que cada pensamiento pasa y antes de que su mente se mueva al siguiente, trate de volver a poner su atención en su respiración. Repita este ejercicio durante toda la sesión de meditación.

Cuando intenta hacer esto por primera vez, conseguir concentrarse solo en su respiración por un par de segundos será un gran desafío. Se encontrará perdido en sus pensamientos a menudo. A veces, incluso puede darse cuenta de que nunca se enfocó en su respiración durante toda la sesión de meditación. Eso no importa. Solo recuerde que debe intentarlo de nuevo y repetir la sesión de meditación al día siguiente. Un pequeño consejo que puede ser útil para usted es enfocar su atención en ese pequeño, casi imperceptible intervalo entre la inhalación y la exhalación.

Otras distracciones comunes serían los picores, las irritaciones, las frustraciones (especialmente el preguntarse cuándo terminará), etc. No se preocupe si le resulta difícil superarlas. No se sienta culpable o crítico de sí mismo. Es normal en los primeros días. Cada vez que se distraiga, intente volver a centrar su mente en su respiración.

La técnica de respiración de atención plena es simple de entender y aprender, pero difícil de dominar. Dominarlas requiere mucho tiempo y esfuerzo. Lo importante es saber que cuando se enfoca en la respiración, incluso por un corto tiempo, la sensación de paz y calma es asombrosa. Además, se mejora con la práctica dedicada y el ensayo y error repetido. Notará que cuanto más practique, más tiempo podrá enfocarse en su respiración en cada una de sus sesiones. Recuerde no frustrarse o impacientarse consigo mismo. No se dé plazos de ningún tipo. Solo continúe haciéndolo diariamente, y lo logrará.

¿Con qué frecuencia debería meditar? Esta pregunta ha sido contestada, ¿verdad? Todos los días. Recuerde que su mente es como un músculo. Cuanto más la hagas funcionar, más fuerte se hará. Medite todos los días, aunque solo sea por cinco minutos. No intente aumentar la duración hasta que esté seguro de que quiere hacerlo. ¡El truco está en meditar todos los días!

Puede elegir hacerlo dos veces al día durante cinco minutos cada una o una vez durante 10 minutos. Elija una hora, un lugar y una duración conveniente. Lo importante es meditar todos los días sin falta para que pueda aprovechar todos los beneficios de la meditación y prepararse para pasar al siguiente paso de la Kundalini Yoga.

¿Cuándo puede experimentar los beneficios de la meditación? Bueno, esta pregunta no tiene una respuesta única porque difiere de persona a persona y también en la frecuencia e intensidad de la práctica de la meditación. Algunas personas están naturalmente sintonizadas con la atención y pueden captar la práctica más rápido y con mayor rapidez que otros con un problema de atención y concentración.

Sin embargo, toma alrededor de un mes de práctica de meditación diligente durante 20 minutos cada día antes de que pueda pensar en cosechar los múltiples beneficios de la meditación. Verá que su capacidad para manejar las emociones negativas mejora considerablemente. Estará en un estado mental más tranquilo y feliz que antes, independientemente de las circunstancias externas. Notará que tiene una menor tendencia a juzgar sobre cualquier cosa o persona. Le será más fácil ver todas las perspectivas con una mente abierta, lo que facilitará su capacidad de tomar decisiones informadas y no impulsivas.

Beneficios de la meditación

• Solo para mostrarle colectivamente los diversos beneficios de la meditación, aquí hay una pequeña (y definitivamente no exhaustiva) lista:

• Mejora la concentración y ayuda a evitar que los pensamientos aleatorios le desequilibren.

• Rompe con la forma de vida del piloto automático y trae una mayor conciencia y atención a su rutina.

• Ayuda a equilibrar su cuerpo, mente y alma.

• Ayuda a mejorar y construir energía creativa para manejar fácilmente los problemas y asuntos de su vida.

• Mejora la conciencia de su cuerpo y sus diversos problemas y debilidades, incluyendo los problemas de su estilo de vida.

• Mejora las conexiones nerviosas, los patrones en el cerebro, y le mantiene equilibrado emocional y mentalmente. También mejora el funcionamiento cognitivo.

• Ayuda a reducir el estrés y la ansiedad y también mejora la paz mental.

• Ayuda a reducir los trastornos del sueño y mejora los patrones de sueño.

• Las técnicas de respiración adecuadas durante la meditación ayudan a mejorar la capacidad pulmonar.

- La meditación es un ejercicio simple. El truco está en convertirlo en un hábito diario para que pueda beneficiarse de él. Una vez que haya aprendido a meditar y haya podido aprovechar sus beneficios en su vida, estará un paso más cerca del despertar de la Kundalini.

Capítulo 4: Trabajando con los chakras

El concepto de chakras se ha presentado brevemente en este libro. La Kundalini Shakti, cuando se despierta, sube por la columna vertebral, pasa por los diferentes chakras hasta llegar a la parte superior de la cabeza o el chakra de la corona. Entendamos más sobre los chakras en este capítulo.

Entendiendo los Chakras

En sánscrito, Chakra se traduce como "rueda" o "disco". Por lo tanto, los chakras pueden ser visualizados como discos giratorios o ruedas de luz y/o energía. Los chakras en nuestro cuerpo absorben y mantienen los niveles de energía en nuestro cuerpo y mente para su funcionamiento uniforme, óptimo y sin obstáculos.

Los chakras, o los centros de energía en nuestro cuerpo sutil, representan la conexión energética entre nuestra conciencia y nuestro cuerpo físico. Son siete chakras importantes, y cada uno está en un flujo constante de energía, recibiéndola y transmitiéndola, involuntariamente y sin nuestro conocimiento, hasta que intentamos ser conscientes de su poder.

El buen funcionamiento de nuestros chakras determina múltiples aspectos de su vida, incluyendo:

- La profundidad con la que experimenta su vida.
- La profundidad y la atención con la que está comprometido con cada momento de su vida.
- Cuánta paz interior experimenta.
- Cuán exitoso es en sus relaciones personales y profesionales.
- E incluso cómo encaja su cuerpo físico.

Trabajar con sus chakras, realinear los chakras desequilibrados, y asegurar su buen funcionamiento ayudará en el flujo ininterrumpido de la energía sutil y espiritual en su cuerpo. Este suave flujo de energía facilita una vida más feliz y significativa que antes, incluso mientras se prepara para despertar su Kundalini Shakti.

Al practicar la activación regular de los siete chakras importantes en su cuerpo, puede aprovechar su vasta reserva de energía espiritual que puede desbordarse fácilmente para afectar positivamente todos los demás aspectos de su vida. Cada chakra raíz tiene una bija mantra (sonido de la semilla o su sonido básico) junto con su conjunto de funciones y responsabilidades. Veamos detalladamente cada uno de estos siete prominentes chakras o centros de energía en nuestro cuerpo.

Chakra Raíz

La palabra sánscrita para este centro de energía es Muladhara, su bija mantra es *Yo soy,* y dice, "Yo existo". El chakra de la raíz, como su nombre lo sugiere, le ayuda a enraizar su cuerpo y su mente en el poder de la tierra. Está relacionado con la energía básica de supervivencia que todos necesitamos para vivir bien en este mundo. Cuando estaba en el vientre de su madre, el chakra de la raíz era lo único que importaba. El chakra de la raíz le proporcionaba su equipo de supervivencia, incluyendo alimento, calor, estabilidad y seguridad, que son elementos relacionados con la supervivencia.

El chakra de la raíz es el asiento de sus instintos, el verdadero poder detrás de su supervivencia. La respuesta primaria de lucha/huida es solo una manifestación de su Muladhara. Un Muladhara fuerte y con bases le permite llevar una vida materialmente feliz, libre de sufrimiento físico. El chakra de la raíz le da la tierra y le da el poder de lidiar con las pruebas y tribulaciones de la vida.

Ubicación del chakra de la raíz: El chakra de la raíz está en la base de la columna vertebral entre el ano y los genitales. El color asociado con el chakra de la raíz es rojo.

Estos son aspectos importantes del Muladhara:

Ayuda a construir una conexión fuerte y sólida con su cuerpo.

- Facilita su capacidad para tener una visión de las relaciones.
- Le libera de los prejuicios y le permite tomar decisiones informadas y objetivas en todos los asuntos de su vida.
- Le libera de las perspectivas negativas heredadas.
- Le da el poder de valorar toda la vida en la tierra.
- Le da una base y construye seguridad y estabilidad en su vida.
- Construye sus niveles de compromiso.

Los desequilibrios en la energía del chakra de la raíz pueden causar ansiedad y estrés. Podría estar inexplicablemente asustado de todo lo que le rodea. Las manifestaciones físicas de un chakra raíz desequilibrado incluyen problemas en el colon, la vejiga, la parte baja de la espalda, los pies y las piernas, la próstata (en los hombres) y los trastornos alimenticios.

Equilibrar su chakra de la raíz: Utilice estos ejercicios para ayudarle a equilibrar y armonizar la energía en su chakra de la raíz. El principio básico de estos ejercicios es pararse en sus pies conscientemente y conectado con el elemento tierra. La mejor parte es que puede hacer estos ejercicios en cualquier lugar, ya sea mientras espera en la cola de una tienda de comestibles, o en el mostrador de un cajero, o mientras espera su tren o autobús.

- Póngase de pie cómodamente con los pies separados (a la anchura de la cadera) y firmemente fijados al suelo. Los talones deben estar alineados con las caderas mientras está de pie. Cambie el peso de su cuerpo de un pie a otro lentamente hasta que esté seguro de que cada uno recibe una cantidad igual de su peso corporal.

- Observe cuidadosamente su postura y compruebe si se apoya en el pie o en los talones. Muévase suavemente hacia atrás y hacia adelante hasta que su centro de gravedad se sienta en el punto medio de los arcos de sus pies.

- Asegúrese de que todas las partes de sus pies reciben la misma cantidad de su peso corporal en ellos.

- Sienta los ovillos de los diez dedos y asegúrese de que se agarran firmemente al suelo.

- Sienta los huesos de la espinilla empujando hacia abajo. Asegúrese de que sus rodillas estén rectas, pero no rígidas o trabadas. Sienta los huesos de los muslos, pantorrillas y coxis mientras soportan el peso de su cuerpo. Empuje las costillas inferiores hacia adentro.

- Mantenga el hombro recto y la cabeza erguida, asegurándose de que la barbilla esté paralela al suelo.

- Concéntrese en su respiración y asegúrese de que está respirando normal y rítmicamente. Experimente la sensación de estar libre y estable cuando sus pies estén firmemente colocados en el suelo, y su cuerpo sepa que está seguro.

Con esta postura física fuerte, estable, libre y poderosa, mire los otros aspectos de su vida y encuentre respuestas a la pregunta, "¿Dónde estoy parado?".

Además, los ejercicios físicos como saltar, trotar, bailar, etc., también son muy útiles para despejar los bloqueos energéticos y equilibrar el chakra de la raíz. Otras formas de mejorar el poder y la energía del chakra de la raíz son:

Chakra sacro

El término sánscrito para este centro de energía es Swadisthana. Su bija mantra es *vam*, y dice, "Yo deseo". Asociado con el impulso del placer, los instintos creativos, y siendo el asiento del instinto de procreación, un chakra sacro equilibrado y de libre flujo trae gracia, atractivo y fluidez en su vida. Su capacidad para aceptar y adaptarse a los cambios aumenta automáticamente.

A diferencia del chakra de la raíz, el chakra sacro no está asociado con la supervivencia. Está más inclinado a la gratificación de sus sentidos y a la búsqueda de placer. El poder del chakra sacro reside en la satisfacción de sus deseos. Simbolizado por el elemento agua, el flujo de energía desbloqueado en el Swadisthana le da la fuerza del movimiento y la adaptabilidad. Le permite dar y recibir de y hacia los demás con gratitud y humildad.

Cuanto más equilibrado esté su chakra sacro, más cómodo se sentirá consigo mismo. Mientras que estará feliz de compartir su energía y amor con otros, también sabrá la importancia de satisfacer sus propias necesidades. El chakra sacro también es responsable de la sexualidad, la intimidad, la pasión, el dinero, la alegría y la creatividad.

Ubicación del chakra sacro: Está situado justo encima del hueso púbico, y el naranja es el color asociado a él.

Importancia de un chakra sacro equilibrado: Un chakra sacro equilibrado ayuda a aumentar la creatividad, la vitalidad y la sensibilidad. Se sentirá capacitado para expresar sus emociones de forma sana y segura, mejorando así su capacidad para tener relaciones y asociaciones satisfactorias. El chakra sacro se considera femenino y es un elemento importante para tener una personalidad abierta y honesta que le permita nutrirse a sí mismo y a los que le rodean.

Un chakra sacro desequilibrado o bloqueado puede hacerle poco emocional e inseguro. Es probable que sienta incertidumbre, lo que le hace débil de mente, y le conduce a una disminución de la capacidad de hacer frente y adaptarse a los cambios en su vida. Una sensación de desapego y una visión rígida de todo hará que sea difícil atravesar los altibajos de su vida. Aquí hay ejercicios mentales que le ayudarán a equilibrar y desbloquear su Swadisthana. Es un proceso de visualización donde imagina que su mente es un vasto lago abierto.

- Siéntese cómodamente en una posición de meditación. Respire normalmente por sus fosas nasales. Asegúrese de que su boca esté cerrada.

- Ahora, imagine que su mente es un vasto lago abierto. Luego, visualice a alguien dejando caer un gran diamante azul en el lago, creando ondas en el lago.

- Permita que su respiración se haga progresivamente menos profunda hasta que el aire parezca llegar al final de sus fosas nasales. Este enfoque asegurará que su respiración no cree ondas en el lago de su mente.

- A medida que su respiración se calme, su mente también se calmará, y las ondas del lago se desvanecerán lenta, pero seguramente.

- Ahora, centre su atención en buscar el diamante a través de las profundidades del agua clara.

- Sus pensamientos se dispersarán, especialmente al principio. Cada vez que note que esto sucede, vuelva a prestar atención a la ubicación del diamante bajo el agua del lago.

- Es importante que no intente controlar o suprimir sus pensamientos porque cuanto más intente evitar o suprimir sus pensamientos, más fuertes serán los que vuelvan.

- Estos pensamientos suprimidos agotarán su energía innecesariamente. En cambio, obsérvelos con indiferencia, y las posibilidades de que sigan adelante sin perturbar su paz son altas.

- Intente centrarse solo en la localización del diamante. A medida que el agua del lago se calme y las ondas se reduzcan lentamente, podrá ver hasta su fondo. A medida que explore el suelo del lago, encontrará el brillante pedazo de diamante azul.

Lo mismo vale para su mente. Manténgala tranquila y libre de ansiedad, y podrá sumergirse en sus profundidades y encontrar su diamante, el poder de su paz interior.

Chakra del plexo solar

Conocido como el Manipura en sánscrito, el chakra del plexo solar le proporciona el poder de transformación para procesar la materia y la energía. Su bija mantra es el *ram*, y dice, "Yo controlo". El poder de este centro de energía le ayuda a convertir todo lo que toma, incluyendo comida, ideas, observaciones, etc., en formas prácticas y utilizables. Su sentido de autoestima, la posesión más preciada para cualquier persona se mantiene en Manipura. También es la sede de su personalidad y carisma. Cuando la energía fluye libremente en el chakra del plexo solar, el mundo puede percibir su auténtica personalidad.

El elemento conectado con este chakra es el fuego, y al igual que el fuego (también manifestado como la energía del sol) da vida a la tierra, el calor de su plexo solar anima su cuerpo y su mente. El fuego es un elemento importante en múltiples tradiciones y culturas. En la tradición hindú, los matrimonios se realizan con el fuego como testigo cuando se intercambian los votos entre la pareja. En cualquier ceremonia de fuego, las ofrendas y oraciones son enviadas a los dioses a través del fuego en el altar principal. Por lo tanto, este elemento vital es visto como un mensajero y como una interfaz entre el mundo humano y los reinos superiores de la conciencia, la mayoría de los cuales no son accesibles para el humano promedio.

Su sistema digestivo (que convierte los alimentos consumidos en moléculas de energía utilizables) está controlado por el chakra del plexo solar. Como su nombre sugiere, este chakra está en la región del plexo solar, en el área del estómago, justo encima del ombligo. El amarillo es el color asociado con el chakra sacro.

Importancia del equilibrio del chakra del plexo solar: El chakra del plexo solar es responsable de los siguientes elementos en su vida:

- Potencia su fuerza de voluntad y su asertividad.
- Le ayuda a establecer límites saludables en su vida.
- Es un centro de energía esencial para ayudarle a conectarse con su propio poder interior.
- Ayuda en el buen funcionamiento del sistema digestivo y el metabolismo.
- No solo aumenta sus niveles de resistencia, sino que también le ayuda a saber cuándo ha sobrepasado sus límites para que pueda dejarlo a tiempo.

Los síntomas de un chakra del plexo solar bloqueado o desequilibrado incluyen:

- Falta de confianza en sí mismo.
- Baja autoestima.
- Fuerza de voluntad comprometida.
- La mentalidad de ser una víctima en todas las situaciones.
- Mala digestión que resulta en varios problemas relacionados con el metabolismo, incluyendo náuseas, diarrea, baja energía física y más.
- Incapacidad de asumir responsabilidades.
- Ser poco fiable.

Utilice el siguiente ejercicio para recuperar el poder de su chakra del plexo solar:

Cuando el fuego digestivo asentado en la región del plexo solar arde brillante y saludablemente, entonces su cuerpo puede absorber óptimamente los nutrientes de los alimentos consumidos y la energía vital del aire que respira. En tales circunstancias, tiene una inteligente y profunda conexión con el mundo que le rodea. En una situación de contraste, tanto su cuerpo como su mente se debilitarán, dando lugar a desequilibrios fisiológicos y psicológicos crónicos.

Ayunar con jugos y líquidos una vez a la semana es una gran manera de recuperar el equilibrio de su chakra del plexo solar. El ayuno con jugos le da a su sistema digestivo un muy necesario descanso de su implacable condición de trabajo. En consecuencia, su cuerpo y su mente pueden limpiarse a sí mismos y eliminar los bloqueos de energía en el chakra del plexo solar.

Otro resultado importante y útil del ayuno con jugos es que cuando su barriga no está demasiado llena, el mecanismo de defensa de su ego disminuye, lo que, a su vez, abre su corazón para aceptar y absorber la positividad a su alrededor. Desarrolla una personalidad sana con mayor confianza en sí mismo, resolución mental y fuerza de voluntad. Aquí hay una pequeña dieta de jugos que puede seguir para reequilibrar su chakra del plexo solar:

• Beba de 2 a 3 litros de jugos de frutas y verduras durante el día. Solo para darle una estimación aproximada, de 2 a 3 litros serían de 3,5 a 5,5 pintas.

• Haga sus jugos en casa y asegúrese de no usar más de tres tipos de frutas y verduras. Además, no combine frutas y verduras para hacer los jugos. Tome el jugo de verduras o de frutas por separado y no en el mismo vaso de jugo.

• La col, las zanahorias y las raíces de jengibre fresco son excelentes opciones, teniendo en cuenta sus beneficios especiales para la limpieza y el equilibrio de su Manipura. Trate de evitar las frutas carnosas como los plátanos, aguacates, piñas, etc.

• Durante el día del ayuno, no coma alimentos sólidos, bebidas gaseosas o cafeína. Evite el té y el café, aunque los tés de hierbas como el té de menta, el té de manzanilla, el té verde, etc., son grandes opciones. Asegúrese de beber mucha agua para eliminar todas las toxinas acumuladas en su cuerpo.

- Si tiene dolor de cabeza, beba un vaso de agua caliente con un poco de jugo de limón.

- El día de ayuno debe ser un momento tranquilo y meditativo. Pase el día meditando tan a menudo como pueda. Intente conectar con todos sus pensamientos. Practique el yoga e incluya también ejercicios de respiración sencillos. Elija un día sabiamente cuando sepa que puede darse el gusto de un día de ayuno sin que le molesten excesivamente los problemas personales o profesionales.

Chakra del corazón

Conocido como *Anahata* en sánscrito, el chakra del corazón es el núcleo energético de su cuerpo sutil. La bija mantra del chakra del corazón es el *yam,* y dice, "Yo amo". Situado en la región del corazón, el color verde se asocia con el chakra del corazón. Este centro de energía es uno de los portales más poderosos en su cuerpo que conecta los reinos espiritual y físico. La función principal del chakra del corazón es transformar las energías sutiles de los tres chakras situados por encima de él en formas funcionales y prácticas que puedan ser visibles y manifestadas en el reino físico. El chakra del corazón facilita el movimiento descendente de la energía y ayuda a transformar la conciencia en materia física tangible.

También, el chakra del corazón hace el proceso inverso, por lo que transforma las energías físicas y la materia de los tres chakras inferiores en ideas y pensamientos más sutiles. La combinación de estas dos funciones contrastantes del chakra del corazón lo convierte en uno de los centros energéticos más complejos de entender y equilibrar.

Su chakra del corazón potencia la expresión del amor y la compasión desinteresados y le impulsa a dar lo mejor de sí mismo para usted y para los demás. Un chakra del corazón saludable hace posible que acepte todo lo que sucede en su vida y todo lo que su vida ofrece. Cuando su chakra del corazón se despierta y se equilibra, siente que la vida le toca a cada momento.

El chakra del corazón es como el CPU para los otros chakras y controla muchos de los chakras menores en todo el cuerpo. He aquí una ilustración clásica del comportamiento y el resultado de una persona cuando su Anahata está perfectamente equilibrado y libre. Supongamos que el amigo de esta persona está de luto por la pérdida de un ser querido. Si esta persona con poder en el chakra del corazón simplemente coloca su mano sobre los hombros del doliente, siente un alivio inmediato, como si se hubiera levantado una enorme carga, y que todo estará bien.

Importancia de un chakra del corazón equilibrado: Cuando el flujo de energía en su chakra del corazón no tiene obstáculos y está bien equilibrado, entonces:

• Se encuentra emocionalmente equilibrado.
• Su capacidad para realizar trabajos y tareas centradas en el corazón mejora considerablemente.
• Aprende a perdonar a las personas que le han hecho daño.
• Aprende a dejar ir la negatividad.

Si hay un bloqueo en su Anahata, entonces podría experimentar:

• Excesiva timidez.
• Depresión, ansiedad y soledad.
• Dificultad para perdonar y dejar ir.
• Dificultad para sentir empatía por los demás.

Las personas con un chakra del corazón bloqueado suelen ser consideradas como de corazón duro. La soledad le atormentará si no despeja y equilibra su Anahata. Utilice estas recomendaciones y ejercicios con el fin de corregir los desequilibrios y bloqueos en su chakra del corazón.

El mudra de la mano de loto (o el gesto de la mano que se asemeja a un loto) es una herramienta muy útil para limpiar y equilibrar su chakra del corazón. Puede practicarlo en cualquier momento, especialmente cuando se siente emocionalmente enervado, incomprendido o explotado. También le ayuda a superar el dolor de la soledad y la desesperación.

El mudra del loto le ayuda a abrirse a aceptar la ayuda divina y universal y le prepara para recibir lo que necesita durante su tiempo difícil. La práctica regular de este gesto con la mano le ayudará a encontrar el amor incondicional y el afecto genuino.

El gesto de la mano que representa el florecimiento de una flor de loto representa su corazón abriéndose. Como el loto con una profunda resolución de subir y alejarse del fango en el que crece, su chakra del corazón será potenciado para romper los grilletes de las energías inferiores y moverse hacia arriba hacia el poder universal. En el hinduismo, la flor de loto representa nuestra belleza interior con el poder de emerger de la oscuridad y los problemas. Utilice estos pasos para formar el mudra del loto:

• Junte las palmas de las manos en el pecho. Mantenga los dedos apuntando hacia arriba y relajados.

• Mantenga la base y las puntas de los dedos de ambas manos tocándose. Doble los dedos ligeramente hacia afuera para que el gesto de la mano parezca un capullo de loto.

• A continuación, mantenga la base y los bordes de los pulgares y los pequeños dedos juntos. Abra los otros dedos, haciendo que el gesto parezca una flor floreciente. Este gesto de apertura representa la apertura de su corazón.

• Respire profundamente unas 4 o 5 veces repitiendo la afirmación, "Estoy listo para recibir lo que la vida me ofrezca".

• Cuando esté satisfecho con su afirmación, junte sus dedos de nuevo, y forme la forma de un capullo de loto.

• Repita este mudra tan a menudo como pueda o quiera.

Chakra de la garganta

Conocido como *Vishuddha* en sánscrito, la energía en el chakra de
la garganta es el asiento de la comunicación de su cuerpo sutil. Su bija
mantra es el *ham*, y dice, "Yo expreso". El chakra de la garganta (en la
garganta; su color es azul claro) es responsable de su capacidad para
hablar y escuchar. Cuando este chakra está desequilibrado, o hay un
bloqueo, hay un impedimento de comunicación entre su mente y su
corazón.

Su mente no puede procesar las emociones que surgen de su
corazón. Su capacidad para procesar las emociones correctamente y
con sensibilidad se vería comprometida, resultando en
comportamientos impulsivos e irracionales. Un chakra de la garganta
abierto y equilibrado ayudará a que sus ideas y pensamientos se
concreten de acuerdo con sus necesidades.

El chakra de la garganta es el asiento del lenguaje, y no de las
emociones, que se encuentra en el chakra del corazón. Aunque
puede expresar palabras positivas y bendecir articuladamente, el
chakra de la garganta también puede escupir palabras venenosas y
dolorosas, si no está equilibrado o si la energía está bloqueada. La
cosa más grande y obvia que notará si su chakra de la garganta está
bloqueado es su mayor dificultad para comunicarse efectivamente.

Así que, cuando la energía fluya libremente en el chakra de la
garganta, sus palabras serán amables, compasivas, reflexivas y veraces.
Su voz será vibrante y fuerte. Sus capacidades de escritura, lectura,
habla y articulación estarán en sus mejores niveles. Además, podrá
escuchar bien cuando otros estén hablando. Se sentirá tan cómodo
con el silencio como con hablar y utilizar palabras.

Los síntomas físicos de un chakra de la garganta bloqueado
incluyen una voz ronca o áspera, úlceras en la boca, dolor de garganta
crónico, laringitis, enfermedades relacionadas con las encías y los
dientes, problemas de tiroides, glándulas inflamadas, amigdalitis, e
incluso cáncer en la región de la garganta.

Importancia del chakra de la garganta: El Vishuddha es el responsable de:

- Mejoramiento de la comunicación, la articulación y la creatividad.
- capacidades de oratoria y de hablar en público.
- Formas de arte como el canto y el baile.
- Hacer que su cara, voz y cuerpo sean más expresivos y articulados.
- Desarrollo de su voz interior.

Liberar las energías bloqueadas y los desequilibrios en el chakra de la garganta requiere mejorar y fortalecer las capacidades de comunicación física a través del canto, el baile, la oratoria, la narración de historias y más. Puede fortalecer el poder de su voz interior invirtiendo tiempo y energía en el diario. Incluso la pintura es una gran manera de construir energía en su chakra de la garganta. Aquí hay algunas autopreguntas a las que debería tratar de encontrar respuestas. Su búsqueda de respuestas a estas preguntas ayudará mucho a despejar los bloqueos en su chakra de la garganta.

- ¿Vivo auténticamente?
- ¿Qué aspectos de mi vida me resulta difícil enfrentar y aceptar la verdad?
- ¿Mis palabras, acciones y pensamientos están en sincronía entre sí?
- ¿Domino las conversaciones?
- ¿Encuentro difícil abrirme y hablar frente a los demás porque temo hacer una escena o avergonzarme a mí mismo?
- ¿Con qué frecuencia rompo mis promesas? Por favor, incluya incluso las pequeñas promesas como llegar a tiempo a las citas, reuniones, etc.
- ¿Las palabras que uso hieren o dan poder a las personas que me rodean?
- ¿Mis intenciones están ocultas o son fácilmente visibles para los demás?
- ¿Expreso mis ideas y pensamientos como la "única verdad"?

- ¿Cuáles son las conversaciones inconclusas de mi vida que me persiguen y me impiden abrirme y hablar con confianza?

Chakra de la frente o del tercer ojo

Llamado como *Ajna* chakra en sánscrito, el centro de energía en su ceja o frente también se llama "tercer ojo". La bija mantra del chakra del tercer ojo es *Om* o *Aum*, y dice, "Yo soy el testigo". Localizado entre los ojos en el área de la frente, el color del chakra del tercer ojo es índigo. Este centro de energía es el centro de mando de su cuerpo sutil. Es la sede del juicio, la raíz del intelectualismo, la racionalidad, la sabiduría y la inteligencia emocional. El poder del Ajna Chakra le ayuda a desarrollar el pensamiento abstracto, los conceptos simbólicos y teóricos, y a construir capacidades de organización.

El chakra de la frente es también el asiento de su "sexto sentido", que se cree que maneja y controla los cinco sentidos básicos de los humanos. También regula los cinco chakras inferiores y los nadis (canales de energía) que conducen desde y hacia ellos. Seis importantes poderes espirituales están conectados con el Ajna chakra, incluyendo:

1. Control del pensamiento
2. Dirigiendo su atención y enfoque
3. Concentración perfecta
4. Meditación sin perturbaciones ni obstrucciones
5. Ilustración
6. El estado de Samadhi o el estado de superconciencia

Importancia del chakra del tercer ojo o de la frente: El chakra del tercer ojo y la energía que contiene son responsables de lo siguiente:

- Desarrollar sus poderes instintivos e intuitivos innatos.

- Cultivando la imaginación y la creatividad.

- Su capacidad de tener procesos de pensamiento y puntos de vista flexibles.

- Su poder para cruzar los planos mundanos de la conciencia y vagar en los planos superiores.

- A nivel físico, el chakra del tercer ojo gobierna nuestro cerebro.

- Su energía está conectada al funcionamiento de nuestras mentes, a un nivel más sutil.

Un chakra Ajna desequilibrado y bloqueado podría manifestarse físicamente en la forma de:

- Frecuentes dolores de cabeza.
- Mala vista.
- Problemas de aprendizaje.
- Pesadillas frecuentes y/o insomnio.
- Olvido.
- Convulsiones epilépticas.
- Alzheimer y otros trastornos cognitivos y mentales.
- Incluso hemorragias cerebrales, tumores o un derrame cerebral, en casos extremos.

Los síntomas mentales y emocionales de un chakra Ajna desequilibrado o bloqueado incluyen:

- Saca conclusiones precipitadas y puede estar indeciso sobre varios asuntos de su vida.
- Podría estar en un constante estado de confusión mental.
- Un sentido equivocado de autojustificación.
- Una perspectiva vana, especialmente sobre sus capacidades intelectuales.
- Podría vivir en un mundo ilusorio, tener alucinaciones y estar totalmente desconectado de la realidad.

Utilice la técnica y el proceso de meditación Bhuchari para equilibrar su chakra del tercer ojo. Esta meditación requiere que observe el espacio vacío. Siga estos pasos.

- Siéntase cómodamente en su postura de meditación preferida, de cara a una pared blanca. Como de costumbre, asegúrese de que su columna vertebral y sus hombros estén erguidos, pero en general que su cuerpo esté relajado.

- Lleve su mano derecha hacia su cara. Toque la punta de su pulgar con el labio superior. Doble los dedos anular, medio y anterior hacia abajo y apunte suavemente su dedo meñique hacia afuera. Este gesto sería similar al gesto del "beber agua" que utilizaría si no pudiera hablar.

- Ahora, mire fijamente la punta de su dedo meñique con una mirada fija. Intente no parpadear mientras mira. Evite tratar de forzar una mirada fija y sin parpadear porque entonces podría ponerse tenso. Solo mire fija y suavemente a la punta de su dedo meñique.

- Después de un rato, las lágrimas pueden empezar a rodar por sus ojos. Esto es bueno para limpiar sus ojos, senos nasales y conductos lagrimales. Practique este ejercicio durante 5 minutos todos los días. Luego, deje de utilizar sus manos, y trate de mirar el lugar donde estaba su dedo. Comience este ejercicio de mirar al vacío durante 5 minutos cada día, y lentamente llévelo a unos 15 minutos.

- Este ejercicio no solo es bueno para sus ojos y senos nasales, sino también un poderoso limpiador de energía para su Ajna chakra. Promueve una intensa capacidad de concentración y enfoque.

Chakra de la corona

El chakra de la corona o el Sahasrara en sánscrito, es la puerta de entrada al lugar de la conciencia infinita. En la parte superior de la cabeza, el color púrpura se asocia con el chakra de la corona. Hay muchos mantras bija para la corona, incluyendo Om, Soham y Aah. Dice, "Yo soy el que soy".

Este chakra es el portal en su cuerpo sutil a través del cual puede conectarse y experimentar lo que los yoguis y sabios de la India llaman "Satchidananda" o la dicha eterna del Conocimiento Absoluto. Romper el chakra de la corona le lleva más allá del reino de su conciencia individual (o Chitta, en sánscrito).

Por lo tanto, el Sahasrara le permite trascender la vida mundana de la dualidad, que se refiere a la idea de que todo lo que vemos y experimentamos está separado de nosotros y de los demás. Cuando el chakra de la corona está totalmente energizado, se llega a experimentar la interconexión con todas las cosas en lo universal.

El Sahasrara está en la parte superior del Sushumna Nadi (o el canal central a través del cual la energía fluye en su cuerpo). Los otros dos nadis primarios, a saber, Pingala e Ida (ambos limitados a la conciencia ordinaria), no pueden alcanzar la cima del Sushumna Nadi.

Importancia del chakra de la corona: Potenciar y energizar su chakra de la corona construye su conocimiento intuitivo, y mejora su sentido de asombro al ver y experimentar todo dentro y alrededor de usted a la luz de la conexión universal. También le ayudará a formar fuertes conexiones espirituales, y tendrá una comprensión más profunda de lo universal, del mundo y de sí mismo que antes. Tendrá el poder de descubrir y experimentar misterios "divinos" que van más allá del mundo humano. Romper el Sahasrara le da un sentido de ser completo en todos los aspectos.

Las personas que trabajan con éxito con la energía de su chakra de la corona son a menudo vistas como trabajadores milagrosos y es fácil entender por qué. Estas personas se guían divinamente por lo que ven cuando cruzan el umbral de la inteligencia humana, un lugar que los mortales ordinarios no pueden alcanzar regularmente. Por lo tanto, el chakra de la corona es el asiento de:

- Comprensión más profunda
- Conocimiento y poder intuitivo

- Poderosas conexiones espirituales
- La experiencia y el descubrimiento de los misterios divinos
- Aumento de la sensación de asombro
- La experiencia de la plenitud
- La conexión con el poder divino universal

Los desequilibrios y bloqueos en su chakra de la corona es probable que se manifiesten de estas maneras:

- Notará que su corazón, cuerpo y mente están trabajando en cada uno de sus propios caminos, y no están alineados entre sí.
- Encontrará que es excesivamente egocéntrico, ya que no puede ver o experimentar la interconexión de la vida y el universo.
- Su aura energética se limitará al chakra inferior, resultando en una vida de puro materialismo y búsqueda sensual.
- Le falta la conexión espiritual y la conciencia.

Limita sus conocimientos y creencias a lo que sus cinco sentidos pueden experimentar y sentir. Su capacidad para sentir la existencia de un poder espiritual más allá del humano es insignificante. Además, encontrará difícil conectarse con cualquier cosa o persona en su vida. Altos niveles de escepticismo, excesiva necesidad de placeres sensuales, y demasiado apegado a las necesidades materialistas son claros signos de un Sahasrara desequilibrado y bloqueado. Los trabajadores milagrosos y los empáticos generalmente ven rasgos fangosos y oscuros en su aura si tiene un problema con su chakra de la corona.

Los síntomas físicos de un chakra de la corona desequilibrado podrían incluir fallos multisistémicos y también parálisis. Se cree que numerosos desórdenes genéticos están conectados kármicamente con el flujo de energía comprometido en el chakra de la corona. La meditación sobre la luz divina es una gran herramienta para abrir, despejar y equilibrar el chakra de la corona y su campo energético. Use estos pasos para meditar en la luz divina.

- Siéntese en una postura cómoda de meditación, preferiblemente con las piernas cruzadas en el suelo. Su espalda debe estar erguida, y su cuerpo debe estar relajado, pero alerta.

- Las manos deben estar en el regazo con la mano izquierda sobre la derecha y las palmas hacia arriba. Este es el mudra de la recepción de la energía del universo.

- Cierre los ojos y respire lenta y relajadamente. Centre sus pensamientos en el chakra de la corona en la parte superior de su cabeza.

- Visualice un rayo de luz blanca brillante entrando en usted a través del chakra de la corona. Sienta esta luz en espiral y descendiendo a su cuerpo.

- Sienta y experimente la visualización del cálido resplandor de esta luz mientras le envuelve suavemente. Imagine que cada célula de su cuerpo está siendo permeada por esta luz. Imagine que su mente está llena de esta luz y conciencia divina.

Puede repetir cualquiera o todas estas afirmaciones:

➢ Siento el poder y la protección de la luz divina universal.

➢ Este poder divino me protege y alimenta.

➢ Siempre camino en esta luz divina.

➢ Me siento con poder y más fuerte en esta luz divina.

En este estado, los pensamientos intuitivos e inspiraciones pueden entrar en su cuerpo y mente. Dele esto a estos poderosos elementos a medida que los sienta entrar en su conciencia. Podría pensar en otra persona bañada en esta luz divina en vez de en usted mismo. Puede repetir las afirmaciones mencionadas anteriormente reemplazando el nombre de la persona en lugar de "yo". Cuando se sienta satisfecho con la meditación, ofrezca su agradecimiento y abra los ojos suavemente.

Siéntese en esta posición por unos 5 a 10 minutos cada día, permitiéndose ser bañado y limpiado por la luz divina. Recuerde, esta luz divina es una manifestación de su yo superior. Representa la paz que está más allá del reino y la conciencia humana.

Trabajando con todos sus chakras juntos

Esta sección está dedicada a darle una sesión de meditación con la que puede energizar y equilibrar todos sus chakras desde la raíz hasta la corona, uno a uno. Tome este ejercicio despacio y con confianza después de que haya aprendido a manejar cada uno de sus siete chakras por separado. Lento, pero constante, es el elemento clave del éxito en la energización y limpieza de sus chakras. Típicamente, este ejercicio completo puede tomar hasta 10 minutos.

Chakra raíz: Siéntese con las piernas cruzadas en el suelo. Deje que las puntas de sus dedos índice y pulgar (de ambas manos) se toquen suavemente. Ponga las manos suavemente contra las rodillas en la posición sentada. Concéntrese en la ubicación del chakra de la raíz, imaginando un gran punto rojo allí. Cante la bija mantra LAM en silencio pensando en el chakra y su poder para ayudarle a sobrevivir y mantenerle estable y fuerte.

Contraiga y mantenga su perineo tanto tiempo como pueda. Mientras lo hace, piense en un capullo de flor roja y visualice un aura de energía roja que emana de él. Visualice que mientras la energía emana, el capullo se abre y se convierte en una flor en flor con todos sus pétalos llenos de energía. Cuando se sienta satisfecho, pase al ejercicio del chakra sacro.

Una buena forma de comprobar si está satisfecho y listo para pasar al siguiente chakra es buscar la sensación de estar "limpio" en cada centro de energía en el que esté listo para pasar al siguiente.

Chakra sacro: Siéntese de rodillas, en lugar de tener las piernas cruzadas para esto. Su espalda debe estar recta, pero relajada. Ponga sus manos en su regazo, la mano izquierda debajo de la derecha, las palmas hacia arriba, y las puntas de los pulgares tocándose suavemente. Concéntrese en la ubicación de su chakra sacro (imaginando una bola de fuego anaranjada en el lugar) y en silencio, pero claramente, cante la bija mantra, YAM.

Mientras canta, recuerde el valor y la importancia de este chakra y cómo puede afectar su vida positivamente. Repita esto durante todo el tiempo que pueda. Al final de un enfoque satisfactorio del chakra sacro, una vez que sienta que está "limpio", pase al siguiente chakra, el plexo solar.

Chakra del plexo solar: Para esto también, siéntese de rodillas y mantenga la espalda recta y relajada. Ponga sus manos frente a su ombligo. Junte los dedos en la forma de una postura de oración y apunte las puntas de los dedos lejos de usted. Asegúrese de que los dedos estén rectos y los pulgares cruzados. Imagine una bola de color amarillo en la ubicación de su chakra del plexo solar y concéntrese en el valor de este centro de energía en su vida, incluso mientras canta silenciosa, pero claramente la bija mantra, RAM. Cuando esté listo, pase al siguiente, es decir, el chakra del corazón.

Chakra del corazón: Siéntese con las piernas cruzadas y coloque su mano izquierda en la rodilla izquierda y la derecha delante del corazón. Las puntas de los dedos pulgar e índice de ambas manos deben tocarse suavemente. Concéntrese en el chakra del corazón, imaginando una bola de luz verde en el lugar. Cante la bija mantra del corazón, YAM, en silencio, pero con claridad.

Permita que los pensamientos sobre el chakra del corazón llenen su mente. Piense en su importancia para su vida y en cómo puede afectarle a usted y a los que le rodean. Siéntese así hasta que se sienta satisfecho y tenga esa sensación de estar "limpio". Típicamente, la sensación de estar limpio se intensifica a medida que se mueve hacia arriba de chakra a chakra.

Chakra de la garganta: Para el chakra de la garganta, siéntese sobre sus rodillas y entrelace los dedos de ambas manos en dirección hacia adentro para que las puntas de los dedos apunten hacia usted. Los dos pulgares deben tocarse en la punta y deben apuntar hacia arriba. Imagine una bola de luz azul claro o un fuego suave en su garganta y cante la bija mantra, HAM.

Piense en el chakra de la garganta, sus funciones y su impacto en su vida. Después de unos cinco minutos, sentirá que la sensación de "limpieza" se intensifica. Ahora puede pasar al chakra del tercer ojo.

Tercer ojo o chakra de la frente: Siéntese con las piernas cruzadas cómodamente. Junte las manos y dóblelas todas excepto el dedo medio. Las puntas de los dedos medios deben tocarse entre sí y apuntar hacia afuera, y el resto de los cuatro dedos deben tocarse en la punta de la curva y apuntar hacia adentro. Coloque las manos en esta posición cerca de la parte inferior de la zona del pecho.

Concéntrese en el chakra del tercer ojo imaginando una bola de luz índigo en el lugar. Piense en todas las fortalezas de este centro de energía y el impacto positivo que puede tener en su vida, incluso mientras canta la bija mantra, AUM. Cuando se sienta satisfecho, puede pasar al chakra de la corona.

Chakra de la corona: Siéntese con las piernas cruzadas y coloque su mano sobre su estómago. Las puntas de los dedos meñiques deben tocarse suavemente y deben apuntar en dirección contraria a la suya y hacia arriba. Cruce los otros cuatro dedos, asegurándose de que el pulgar derecho descansa sobre el pulgar izquierdo.

En esta posición, cante la bija mantra del chakra de la corona, SOHAM, o AUM o NG, pensando en una bola de luz púrpura sobre su cabeza. Recuerde la importancia y el valor del chakra de la corona en su vida y cómo puede ayudarle a llevar una vida más significativa e interconectada con los demás. Cuando sienta que la sensación de "limpieza" se intensifica, puede abrir los ojos. Sentirá su cuerpo y su mente completamente relajados en esta etapa.

Abrir los chakras completamente es un proceso largo, pero muy gratificante. Cuando los centros de energía en su cuerpo están totalmente equilibrados, y la energía fluye a través de sus nadis libremente, sin bloqueos y puede sentir la positividad en su vida. Su capacidad para manejar los resultados del despertar de la Kundalini se multiplica.

Capítulo 5: Habilidades psíquicas y el tercer ojo

Un chakra en particular, el del tercer ojo, requiere un poco más de atención que el resto porque está conectado con el "sexto sentido" y los poderes psíquicos. Por lo tanto, un capítulo separado dedicado al Ajna chakra tiene sentido aquí para mejorar su capacidad de manejar el despertar de la Kundalini cuando ocurre.

Para reiterar, el chakra del tercer ojo está localizado en el centro de la frente, justo entre los ojos. El color asociado con este centro de energía es índigo o azul real. Es la sede de nuestros poderes psíquicos. Regula y controla nuestros poderes psíquicos para que podamos recibir y transferir información a los reinos más allá de los planos de la conciencia humana. Es el asiento de nuestra intuición interna, y cuando se desarrolla completamente, puede leer el pasado, el presente y el futuro con precisión. Una persona con un Ajna chakra bien desarrollado puede interactuar y obtener orientación del reino espiritual y de los seres queridos que han cruzado.

El Ajna chakra es también una herramienta de manifestación efectiva y poderosa. Podemos usarlo para visualizar nuestros sueños y esperanzas y aprovechar el poder universal para manifestarlos en nuestra vida. Cuando visualizamos nuestros sueños, es más que solo nuestra imaginación trabajando. Ve nuestros deseos a través de nuestro ojo interno.

Curiosamente, el Ajna chakra está estrechamente conectado con el chakra del plexo solar o nuestro "sentimiento visceral". Cuando estos dos centros de energía están alineados entre sí y trabajan sincrónicamente, nuestra vida puede resultar significativa y satisfactoria. La energía sincronizada de los dos centros puede ayudarnos a entender y aprovechar nuestros poderes intuitivos para que podamos superar nuestros retos y dificultades fácilmente.

Con un chakra del tercer ojo abierto y equilibrado, hemos mejorado la claridad y el enfoque junto con una poderosa intuición. Aquí hay consejos básicos para activar, fortalecer y equilibrar el chakra del tercer ojo y la energía que contiene:

• Practicar la visualización y la meditación con regularidad, tanto con respiración guiada como simple.

• Tratar de incluir el azul real y el índigo en su vida, ya sea en la ropa que compra, los colores que pinta, las joyas que elige o cualquier otra cosa.

• Sostener o usar piedras preciosas como el lapislázuli, la tanzanita, la amatista, el apatito y la labradorita ayudan a mejorar su experiencia de meditación.

• Trabaje con cartas de tarot y otras formas y conductos de oráculos.

• Masajee el área de su tercer ojo con nuestros aceites esenciales como la mirra, el sándalo, etc.

• No se olvide de dar las gracias diariamente a su tercer ojo y su poder para ayudarle a llevar una vida feliz y plena.

Apertura del chakra del tercer ojo

Mantener el tercer ojo abierto y el flujo de energía tan libre como sea posible es esencial no solo para aprovechar sus poderes espirituales, sino también para regresar de forma segura y sana desde esos reinos más allá de la conciencia humana, un resultado común del despertar de la Kundalini. Estas estrategias han sabido hacer maravillas mágicas para abrir el tercer ojo y mantener su energía equilibrada y desbloqueada.

Cultive el silencio: Aprenda a fomentar el silencio de su mente. Para un humano promedio, la mente es una cacofonía de pensamientos e ideas que amenazan con tomar nuestro mundo por asalto. No solo esto, sino que estos pensamientos también crean mucho ruido en nuestras mentes. Nuestra capacidad para oír e interpretar los mensajes que nos llegan de los reinos más altos y sutiles se pierden en el ruido.

El chakra del tercer ojo puede ir a ese espacio "intermedio" para recoger y obtener orientación y mensajes de los espíritus del otro mundo. En presencia del ruido, no puede oír los mensajes. Por lo tanto, es imperativo que cultive el silencio de la mente y aprenda a manejar los pensamientos abrumadores.

Puede utilizar una variedad de formas de calmar y silenciar su mente, incluyendo la meditación, darse el gusto en su pasatiempo o arte favorito, o simplemente sentarse tranquilamente en medio de la naturaleza sin hacer nada más que observar la belleza circundante.

Afine sus poderes intuitivos: Todos estamos dotados de poderes intuitivos. El problema es que estos poderes necesitan ser continuamente perfeccionados y afilados para que puedan ser usados efectivamente. No usarlos regularmente embota nuestra intuición, y nos desconectamos de nuestra voz interior que recibe y transmite mensajes del mundo exterior. Cuanto más aguda es su intuición, más poderoso se vuelve su chakra del tercer ojo. Aquí hay formas sencillas de conectar y perfeccionar su intuición:

Primero, reconozca cómo y cuándo su intuición le habla. Normalmente, la intuición no es tan fuerte y clara como una voz humana. En su lugar, envía mensajes sutiles a través de movimientos lentos o destellos de imágenes. A menudo, hablará con su intuición, preguntándose cómo obtener claridad sobre el mensaje recibido.

A veces, los mensajes le ponen la piel de gallina, una sensación incómoda en el estómago, un sabor agrio en la boca o una sensación de alivio inexplicable. A menudo, los mensajes pueden venir como una emoción. Por ejemplo, intuitivamente le gusta o detesta a alguien que acaba de conocer. Esta podría ser su intuición, enviándole un mensaje sobre esta persona.

Solo esté alerta a las formas sutiles de mensajes que su cuerpo y su mente le envían. Para hacer eso, debe conectarse y hablar con su voz interior. Con la práctica, se dará cuenta de que puede captar fácilmente los indicios más sutiles que su intuición está tratando de darle.

Intente conectar con su intuición diariamente: Reserve un tiempo dedicado a conectar con su intuición diariamente. Dedique tiempo y esfuerzo a sus poderes intuitivos y vea lo que están tratando de decirle. Esto es especialmente importante cuando tiene que tomar una decisión crítica. Sin embargo, para asegurarse de que puede entender el lenguaje de su intuición, es imperativo que hable con ella todos los días.

Tome también pequeñas decisiones, después de consultar con su intuición. Podría ser algo tan aparentemente mundano como qué vestimenta usar cada mañana. Párese frente a su armario por un rato y pregunte a su intuición qué vestimenta le quedaría mejor hoy. Luego, calme su mente, y busque las señales que le pueda estar enviando. De esta manera, trate de conectarse con su intuición diariamente.

Anote lo que sintió o experimentó cuando trató de conectarse con su intuición. No lo guarde en su memoria, al menos en las etapas iniciales de su experiencia de aprendizaje. Escriba lo que sintió, sus pensamientos y todo lo demás cuando se sentó cada día y conéctese con su intuición. Cuanto más practique, mejor serán sus habilidades.

Medite tan a menudo como pueda; cuanto más profunda sea su conexión con su intuición, más fácil será leer e interpretar sus mensajes. La meditación es una excelente herramienta para profundizar la conexión con sus poderes intuitivos. La meditación le enseña a aclarar su mente y a reconocer los sutiles impulsos y señales que su intuición está tratando de darle.

Y finalmente, aprenda a confiar en sí mismo y en sus poderes intuitivos. Cuanta más fe tenga en sus poderes, mejores resultados obtendrá. Confíe en sí mismo porque nadie le quiere más que usted. Nadie quiere verlo feliz y exitoso más que usted.

Desarrolle sus habilidades creativas: Cada uno de nosotros nace con creatividad. Depende de nosotros nutrirla y desarrollarla para alcanzar nuestro máximo potencial. La creatividad es una herramienta útil para eliminar los miedos racionales y las muletas que le mantienen abajo cuando usted es, en realidad, poderoso para elevarse en las nubes.

Cuando su mente racional es relegada a un segundo plano, entonces el parloteo mental también se reduce, ayudando a lograr la calma necesaria para comunicarse con sus poderes intuitivos. Además, cuando puede calmar esa parte de su mente que quiere hacerse cargo de su vida, entonces está efectivamente abriendo numerosas oportunidades para sí mismo. El chakra del tercer ojo ha aumentado el espacio para desarrollarse, crecer y florecer.

¿Cómo puede alimentar su creatividad? Aquí encontrará consejos para ayudar a que su creatividad crezca y florezca:

• Invierta su tiempo y energía en pasatiempos y actividades que le den energía y le hagan feliz. Aprenda un nuevo oficio o arte. No es importante ser perfecto en lo que hace. El truco es dejar que su inspiración fluya a través de su mente hasta sus manos. Esté preparado para sorprenderse cuando permita que su creatividad fluya sin obstáculos.

- Experimente con la creatividad. No es necesario tener un plan perfecto. Solo haga cualquier cosa que requiera que su creatividad fluya. Por ejemplo, cómprese un libro de colorear para adultos y experimente con los colores. O haga una paleta de acuarelas y simplemente salpíquelas en un papel y observe los resultados. O ponga música y baile como si nadie le estuviera mirando.

- Obtenga suficiente alimento para su cuerpo a través de alimentos nutritivos, sueño reparador y una buena cantidad de actividad física.

- Invierta en sí mismo. Haga algo una vez a la semana que sea solo para usted. Puede ser algo tan simple como una visita a la galería de arte local o tomar una taza de té matutino por su cuenta, o una tarde acurrucado en la cama con su libro favorito, o cualquier otra cosa. Este tiempo a solas le dará una profunda sensación de calma y también le permitirá conectar consigo mismo y con sus poderes intuitivos.

- Pase un tiempo con la naturaleza. Dé un paseo por el parque. O haga una caminata a un lugar cercano a su casa. Busque y encuentre una oportunidad para pasar tiempo con la naturaleza.

Conéctese a tierra para volar sin miedo: es una verdad irónica que, para volar sin miedo, debemos plantar nuestros pies firmemente en el suelo. De la misma manera, para abrir nuestro tercer ojo, nuestro chakra de la raíz debe ser fuerte y robusto, dándole la necesaria sensación de estabilidad y fuerza con el apoyo de la cual puede elevarse sin miedo. Su chakra raíz forma la base firme sobre la que puede construir su vida que le lleva en vuelos maravillosos fuera del reino humano. El chakra de la raíz es lo que lo trae de vuelta a casa.

Además, la información que llega a nuestro cuerpo y mente cuando se abre nuestro tercer ojo puede ser desconocida, inusual y difícil de digerir para las mentes comunes. Por lo tanto, primero debe energizar y potenciar su cuerpo y mente tangibles, y solo cuando esté listo puede abordar el poder del universo sutil.

Capítulo 6: Kundalini Yoga - Asanas y Pranayama

Ahora que conoce la importancia y ha practicado las habilidades de la meditación y de energizar y equilibrar sus chakras, puede iniciarse en el verdadero Kundalini Yoga diseñado para despertar la dormida, pero altamente potente Kundalini. Comencemos por entender el Kundalini Yoga con un poco más de detalle.

¿Qué es el Kundalini Yoga?

En las primeras etapas de la comprensión de la energía en el universo, el Kundalini fue visto como una ciencia y estudio de la filosofía y la energía espiritual. En la antigüedad, especialmente en la India, los reyes y sus familias reales tenían el mandato de sentarse con los maestros de Kundalini para aprender, comprender y dominar las enseñanzas de Kundalini y el camino de sus visiones espirituales.

A Yogi Bhajan se le atribuye el haber traído esta forma de yoga altamente inteligente, pero compasiva, a occidente. Combinó el poder de la sabiduría antigua con la práctica moderna y se aseguró de que el Kundalini Yoga fuera accesible a todos los que estuvieran interesados en potenciarse con su poder. La práctica regular de Kundalini Yoga le ayudará en estas formas:

- Le ayuda a conseguir amor ilimitado, ligereza de vida y alegría.

- Aprende de la geometría de su cuerpo.

- Comprenderá, y por lo tanto será capaz de alterar adecuada y eficientemente, la forma en que sus emociones, energía y movimientos trabajan en su cuerpo y mente.

- Le ayuda a despejar los bloqueos de energía en su cuerpo y asegura que el flujo de energía vital sea libre y completo.

- Le ayuda a crear una conexión mente-cuerpo con todo su potencial.

- El Kundalini Yoga le ayudará a tirar de la serpiente enrollada desde su posición de sueño y transferir la energía a través de la columna vertebral hasta la parte superior de su cabeza. La energía también se irradia hacia afuera para que pueda fluir y equilibrar sus chakras en todo el cuerpo.

Elementos de Kundalini Yoga

El Kundalini Yoga combina la respiración, mudras, mantras y kriyas para despertar la Kundalini.

Importancia de la respiración en el Kundalini Yoga: La forma más común de ejercicio de respiración usada en el Kundalini Yoga es la respiración larga y profunda. Sin embargo, hay muchas otras posturas de yoga y técnicas de respiración utilizadas también. Críticamente, debe saber que cada kriya de yoga y técnica de respiración en el Kundalini Yoga tiene un proceso específico dirigido a liberar o equilibrar una energía específica.

Por ejemplo, en el ejercicio de Respiración Larga y Profunda, necesitará colocar sus manos específicamente en su corazón y estómago. Otro ejemplo, la Respiración de Fuego, es una técnica de respiración común y popular en el Kundalini Yoga. Se practica a través de un proceso de respiración rápida que consiste en partes iguales de inhalación y exhalación a través de las fosas nasales y "bombeando" el aire del estómago. Esta técnica ayuda a crear un mayor nivel de flujo de oxígeno en el torrente sanguíneo y también carga el campo electromagnético a su alrededor.

Importancia de los mantras en Kundalini Yoga: Los mantras no son meras palabras unidas para la belleza auditiva. Sí, suenan musicalmente hermosos. Sin embargo, los mantras van más allá de eso. Tienen el poder de crear reacciones químicas en su cerebro para afectar positivamente sus estados de ánimo y experiencias en la vida.

Por ejemplo, nuestros estados de ánimo, como la felicidad, la alegría, la tristeza, etc. resultan de vibraciones de frecuencias variables. Al cantar un mantra específico, está creando efectivamente una situación química en el cerebro que resulta en una frecuencia particular, que, a su vez, resulta en afectar su estado de ánimo de acuerdo con su deseo.

Cantar mantras hace que su cuerpo vibre en frecuencias particulares (dependiendo del mantra). En consecuencia, su estado de ánimo se eleva a vibraciones más altas que resultan en la creación de un estado mental feliz y abundante. Para ilustrarlo, HAR (suena como "hud") es un mantra que trae prosperidad y éxito.

Los mantras no necesitan ser cantados solo en posición sentada. Puede cantarlos cuando esté acostado o conduciendo o esperando en la fila para algo o en cualquier otro lugar que resulte conveniente. Sin embargo, cuando se sienta y canta el mantra, también aprovecha el poder de la meditación.

Importancia de las kriyas en el Kundalini Yoga: La respiración, el sonido y la postura juntos forman la kriya. Kriya en sánscrito se traduce como "acción". En el Kundalini Yoga, kriya es un conjunto de ejercicios que consisten en acciones específicas, mecanismos de respiración y posturas que están diseñadas para una manifestación específica en su vida. El efecto de kriya se siente en todos los niveles del cuerpo, la mente y el espíritu resultando en una vida abundante y satisfactoria. Por ejemplo, hay una kriya para equilibrar su aura que es muy eficaz para proteger su campo de energía, elevar sus niveles de energía y aumentar su resistencia.

Importancia de los mudras en el Kundalini Yoga: Los mudras, como ya lo sabe, son posiciones y gestos de las manos que incluyen el cierre de los dedos, tocar las puntas de los dedos, etc., para que pueda dirigir la energía enfocada en la parte requerida de su cuerpo. En los mudras, la colocación de dedo a dedo es un mecanismo común, y al presionarlo se activará y liberará la energía.

Por ejemplo, el "Gran Mudra" es uno de los más comunes usados en Kundalini Yoga. Este mudra reúne las puntas de los dedos pulgar e índice para estimular el conocimiento. "Gran" en sánscrito se traduce a conocimiento.

Importancia de las meditaciones en el Kundalini Yoga: En el Kundalini Yoga, las sesiones de meditación ayudan a liberar la energía y a sanar los campos de energía dañados. Durante y después de una sesión de meditación, se tiende a sentirse más elevado, más consciente, más estimulado y más despierto que antes. Las sesiones de meditación tienen una duración variable, dependiendo de los resultados deseados.

Por ejemplo, una meditación de tres minutos afectará positivamente al sistema de circulación de la sangre en su cuerpo y al campo electromagnético a su alrededor. Una sesión de 11 minutos puede afectar a sus sistemas glandular y nervioso, mientras que una sesión de 31 minutos puede afectar a cada célula y tejido de su cuerpo y le dejará sintiéndose ligero y rejuvenecido, listo para enfrentarse al mundo.

Asanas comunes en Kundalini Yoga

Esta sección está dedicada a darle algunas asanas de Kundalini Yoga comunes y fáciles de hacer. Así que, comencemos.

Sukhasana: En sánscrito, Sukhasana significa "postura fácil". Esta es una pose muy simple que puede utilizar para toda su meditación de respiración. Cruce las piernas por los tobillos o coloque ambos pies en el suelo. Presione la parte inferior de la columna hacia adelante para que su espalda esté erguida, pero relajada.

Siddhasana: Traducido a "Pose perfecta", Siddhasana se considera la asana más cómoda y también se cree que promueve los poderes psíquicos. Para hacer esta asana, siéntese con las piernas cruzadas de la siguiente manera:

- Deje que su talón derecho presione contra su perineo derecho (el hueso anal)
- Deje que su planta derecha presione contra su muslo izquierdo.
- Coloque el talón izquierdo sobre el derecho y presione esa parte de su cuerpo justo encima de los genitales.
- Los dedos de ambos pies deben ser metidos en el surco formado entre los muslos y las pantorrillas.
- Las rodillas deben estar en el suelo.

Padmasana: Comúnmente llamada "Pose de loto" ("Padma" en sánscrito se traduce como "loto"), esta asana es una de las poses más populares y poderosas para las meditaciones. De nuevo, debe sentarse con las piernas cruzadas usando estos consejos:

- Levante su pie izquierdo y colóquelo en la parte superior del muslo derecho.
- Luego levante su pie derecho y colóquelo en la parte superior del muslo izquierdo.
- Intente mantener los pies lo más cerca posible del cuerpo.
- Cuando usted ve las imágenes de esta asana, puede parecer simple, sin embargo, se necesita mucha práctica para hacerlo bien. Se cree que tiene el poder de mejorar la meditación profunda y era comúnmente practicada por los antiguos yoguis hindúes. Recuerde mantener la pierna derecha siempre encima.

Vajrasana: Llamada la "postura de la roca", utilice los siguientes pasos para la postura de Vajrasana:

- Arrodíllese.

- Luego siéntese sobre sus talones permitiendo que la parte superior de sus pies toque el suelo.

- Los talones deben presionar los nervios en el medio de las nalgas.

Hay una razón interesante de por qué esto se llama la "postura de la roca". Los antiguos yoguis creían que esta asana permite al practicante incluso digerir las rocas.

Pose de camello: Excelente para abrir el chakra del corazón, la pose de camello estimula el sistema nervioso porque crea la máxima compresión de su columna vertebral. También mejora la flexibilidad del cuello y la columna vertebral. Estira los músculos abdominales, el centro de energía de la garganta y los músculos de la garganta, y también ajusta los órganos reproductivos. Estos son los pasos para hacer la postura del camello:

- Arrodíllese en el suelo con los muslos y las rodillas perpendiculares al suelo.

- Arquee la espalda y sujétese los tobillos.

- Deje que su cabeza caiga completamente hacia atrás.

- Empuje sus caderas hacia adelante.

- Haga una respiración larga y profunda.

Pose de langosta: Acuéstese boca abajo. Sus pies deben estar juntos, y su barbilla debe tocar el suelo. Ponga sus puños bajo la articulación del muslo y la cadera. Lentamente, levante las piernas y los muslos. Asegúrese de que sus piernas estén juntas. Respire larga y profundamente.

Postura del niño: Siéntese sobre sus talones. Lentamente lleve la frente hacia adelante para que toque el suelo. Los brazos deben estar relajados a los lados de su cuerpo con las palmas hacia arriba.

Pose célibe: También llamada "Pose del héroe", la Pose célibe está diseñada para canalizar la energía sexual por la columna vertebral. Para esta postura, mantenga los pies separados al ancho de las caderas. Arrodíllese y siéntese entre los pies.

Técnicas comunes de pranayama en Kundalini Yoga

El Kundalini Yoga emplea una amplia gama de técnicas de pranayama para aprovechar el poder de la respiración para alcanzar y manejar con eficacia varios estados de conciencia más elevados, lo que conduce al bienestar general. Aquí están algunas de las técnicas más comunes y populares de pranayama utilizadas en el Kundalini Yoga.

Respiración larga y profunda: Este ejercicio de pranayama es una excelente herramienta para equilibrar sus emociones, calmar su mente y llevar su cuerpo, mente y espíritu a una alineación armoniosa. Es una de las más importantes y comúnmente practicadas técnicas de pranayama en Kundalini Yoga. Los beneficios y la importancia de la respiración profunda y prolongada son:

• Al impactar en su sistema nervioso parasimpático, esta técnica de respiración lo relaja y calma.

• Previene y reduce la acumulación de toxinas en su cuerpo, ya que ayuda a limpiar incluso los pequeños sacos de aire (o alvéolos) en sus pulmones. Esta técnica de respiración también llena los pulmones a su máxima capacidad, incluso mientras reajusta su campo magnético a su favor.

• Aumenta la fuerza y el flujo del prana Vayu.

• Estimula la producción de endorfinas, una hormona conocida por ayudar a combatir la depresión.

• Aumenta el bombeo del fluido espinal al cerebro, lo que resulta en una mayor energía para el cerebro.

• Aumenta el estado de alerta del cerebro.

• Mejora la función de la glándula pituitaria, un elemento importante para afectar positivamente sus poderes intuitivos.

• Aumenta su capacidad de lidiar con el estrés, mejorando así la curación física y emocional.

• Le da poder para manejar la negatividad, incluyendo las emociones negativas.

Estos son los pasos necesarios para que los principiantes realicen la técnica de Respiración Larga y Profunda.

Los procesos de inhalación y exhalación se dividen en tres partes de la respiración. Cuando inspira:

> 1. Llene su abdomen con aire primero
> 2. Entonces expanda su pecho
> 3. Y, por último, levante la clavícula y las costillas superiores.

Cuando inspire, use la dirección inversa.

> 1. Primero, contraiga la clavícula y la zona de las costillas superiores
> 2. Luego el área de su pecho
> 3. Y finalmente, su abdomen para que todo el aire sea expulsado de su cuerpo.

En la etapa final de la exhalación, cuando vacíe su estómago, notará que la punta del ombligo empuja hacia la espina dorsal. También, para los principiantes, es una buena idea acostarse en los días iniciales de la práctica de la Respiración Larga y Profunda. Coloque su mano izquierda sobre el estómago y su mano derecha sobre el pecho para que pueda sentir el movimiento del aire y las expansiones en las partes de su cuerpo.

Veamos en detalle las tres partes de la respiración larga y profunda:

Respiración abdominal: Primero, deje que su respiración se asiente a un ritmo relajado y normal. Cuando esté listo, concéntrese en su ombligo. Respire lenta y profundamente y permita que su barriga se expanda de manera relajada. Cuando exhale, tire del ombligo hacia la columna vertebral y muévalo hacia arriba. Mantenga el pecho relajado y utilice solo su abdomen para respirar aquí.

Respiración torácica: Para esto, debe sentarse derecho y mantener el diafragma inmóvil. No permita que su abdomen se expanda mientras inspira. Utilice solo los músculos del pecho al inhalar. Hágalo lentamente y sienta cómo se expanden los músculos del pecho. Además, notará que las costillas de la parte inferior se mueven mucho más que las de la parte superior. Compare la técnica de respiración torácica con la técnica de respiración abdominal.

Respiración clavicular: Siéntese derecho y mantenga el abdomen relajado y el ombligo ligeramente recogido. Ahora levante el pecho sin respirar. Ahora inspire lentamente y extienda sus hombros y la clavícula. Mantenga el pecho en posición elevada y exhale.

Ahora, la respiración larga y profunda combina todas estas técnicas de respiración. Pongámoslas juntas. Cada parte de las tres expansiones es distinta y separada. Cuando se combinan las tres, se obtiene la técnica de respiración larga y profunda. Comience la inhalación usando la respiración abdominal. Añadan la respiración torácica, y finalmente, la respiración clavicular. Cuando haya dominado la técnica, puede hacer las tres en un flujo suave y sin problemas.

Respiración de fuego: Esta técnica de respiración es continua, rápida y rítmica. Se inhala y exhala rápidamente y en intervalos iguales sin pausa. El objetivo es de 2 a 3 ciclos por segundo.

• La boca debe estar cerrada y la respiración debe ser a través de las fosas nasales.

• Este ejercicio es poderoso desde el centro de energía del plexo solar o el ombligo.

• Durante la inhalación, los músculos de la parte superior del abdomen se relajan, y el diafragma baja.

• Durante la exhalación, debe expulsar el aire con fuerza por la nariz empujando el ombligo y el plexo solar hacia la columna vertebral.

• El pecho se relaja, aunque se levanta ligeramente durante el ejercicio.

• Puede comenzar este ejercicio por una duración de 1 a 3 minutos. A medida que se sienta cómodo con el ejercicio, puede aumentar la duración. Típicamente, unos 10 minutos diarios de la técnica de respiración de fuego harán maravillas para su Kundalini.

Respiración alternada de las fosas nasales: Esta es una técnica de pranayama muy simple, pero poderosa, utilizada a menudo por los practicantes de Kundalini, tanto los novatos como los experimentados. Ayuda a crear una profunda sensación de armonía y bienestar a nivel emocional, físico y mental. Integra todos sus centros de energía y también ayuda a enraizarlo. También equilibra los hemisferios izquierdo y derecho de su cerebro.

• Utilice la postura fácil (Sukhasana) o siéntese en una silla para esta meditación.

• Utilice el pulgar y los dedos índice de su mano derecha para crear una U. El pulgar debe estar sobre la fosa nasal derecha y el dedo índice para la fosa nasal izquierda.

• Cierre la fosa nasal izquierda con el dedo índice e inhale a través de la fosa nasal derecha.

• Al final de la inhalación, cierre la fosa nasal derecha con el pulgar y exhale por la izquierda.

• Ahora, inhale por la fosa nasal izquierda y exhale por la derecha.

Repita este ejercicio durante unos 3 a 5 minutos. Para terminar, respire por unos segundos, sostenga la respiración, baje la mano y exhale.

Capítulo 7: Kundalini Yoga: Mantras y Mudras

Este capítulo trata sobre los mantras y mudras utilizados en el Kundalini Yoga. Así que, vamos a empezar de inmediato.

¿Qué son los mantras?

Los mantras no son solo palabras que se unen para formar un sonido agradable. Van más allá de la simple recitación y el canto. Tienen el poder de trabajar en los aspectos sutiles de su ser debido a la disposición de las sílabas en los mantras.

La lengua se mueve mientras hablamos, cantamos o recitamos los mantras (o palabras sagradas), ¿verdad? Al hacer esto, golpeamos varios puntos nerviosos importantes en nuestro paladar, que, a su vez, envía los mensajes necesarios a nuestro cerebro para hacer las cosas por las que estamos rezando. Los mantras han sido establecidos por algunos de los humanos originarios y no es necesario que los entienda para aprovechar su poder. Los mantras son sonidos puros con el poder de estimular el cerebro y el mundo para que cumplan nuestras órdenes.

Por ejemplo, las palabras "Ong" o "Maa" no son creadas o limitadas a un solo idioma. Todos los humanos nacen con estos sonidos y expresiones. El repetido canto de estos mantras impulsa al cerebro a hacer lo que le plazca. Los mantras son tan poderosos que usted puede controlar su cuerpo y su mente con ellos, siempre que lo repita con precisión durante el tiempo suficiente.

Los mantras tienen el poder de ayudarle a cambiar su estado de ánimo, sus hábitos y todo su estilo de vida. El desafío es ser consistente, diligente y comprometido con el canto de los mantras de forma regular e indefectible. Veamos los mantras comúnmente utilizados en el Kundalini Yoga.

Los mantras son típicamente en Gurmukhi, una antigua escritura india. Sin embargo, gracias a la introducción del Kundalini Yoga en el mundo occidental, algunos mantras están ocasionalmente disponibles en inglés también. Ha sido usted introducido a ciertos mantras bija de los siete chakras. Estos mantras son excelentes herramientas para activar y equilibrar la energía de los chakras.

Mantras de Kundalini Yoga (afirmaciones)

Profundicemos un poco más en los mantras del Kundalini Yoga.

El mantra Adi: Adi en sánscrito se traduce como "primero" o "primario". Por lo tanto, el Adi mantra es el primer o principal mantra en el Kundalini Yoga. Es así: Ong Namo Guru dev Namo.

El significado del Adi mantra es "Saludo y presento mis respetos a la Sabiduría Creativa y al maestro divino interior". Este mantra se utiliza específicamente para sintonizar con el flujo divino del autoconocimiento que yace latente dentro de cada uno de nosotros. Idealmente, debe cantar este mantra tres veces antes y después de hacer cualquier asana, meditación, kriya, etc.

El mantra de la verdad: Va así, Sat Nam. Significa "Yo soy la verdad" o "la verdad es mi identidad". Este mantra refuerza la existencia de la conciencia divina en cada uno de nosotros. Curiosamente, Kundalini y otros practicantes de yoga utilizan este mantra como una forma de saludarse y también como un mantra meditativo. Una forma clásica de usar este mantra va: Mientras inhala, diga "Sat" y mientras exhala, diga "Nam".

El mantra de la humildad: El mantra es, "Guru Wahe Guru Ram Das Guru", y se traduce en "Sabio, sabio es la persona que sirve al Infinito y al Ilimitado". Este mantra llama al espíritu de Guru Ram Das, el cuarto Guru del Sikhismo, que fue conocido por su inmensa paciencia, humildad y compasión. Para cantar su mantra:

• Siéntese en la pose fácil. Mantenga sus manos donde se sienta cómodo; en su regazo, en sus rodillas, o en cualquier otro lugar.

• Cierre los ojos y enfóquese suavemente en su tercer ojo.

Ahora cante el mantra lentamente. Puede cantarlo o decirlo en un tono monótono. Sería genial si pudiera completar una recitación durante una respiración.

El mantra del gurú: El mantra del gurú dice así, "Wahe Guru". Mientras que el número de palabras parece ser solo dos, el significado y la traducción de este cubre todo el poder divino universal. La traducción de este mantra es, "Me siento extasiado cuando conozco y experimento la Sabiduría Divina". Este mantra refleja el éxtasis que siente cuando pasa de la oscuridad (u oscuridad) a la luz (conocimiento último). Este mantra es el maestro infinito del alma. Muchas kriyas de Kundalini Yoga utilizan este mantra.

Además, otra traducción del mantra es, "Estoy sano". Estoy bendito". Por lo tanto, este mantra refleja nuestro derecho de nacimiento a la salud, la felicidad y la santidad.

El Mangala Charn mantra: Este mantra es una herramienta poderosa para aclarar las dudas en nuestras mentes y nos abre a la guía y protección del poder universal. El mantra es:

Aad Guray Nameh

Jugad Guray Nameh

Sat Guray Nameh

Siri Guru Devay Nameh

La traducción del Mangala Charn mantra es:

Saludo la sabiduría primaria.

Saludo la sabiduría de los tiempos.

Saludo la verdadera sabiduría.

Saludo a la gran sabiduría invisible.

El mantra para la abundancia y la prosperidad: Este mantra está en español y dice así: "Soy feliz, abundante y hermoso". Este mantra le recuerda que está hecho en el molde del poder divino universal, y, por lo tanto, no es nada más que hermoso. El poder divino, que muchos de nosotros llamamos Dios, nos hizo perfectos, poniendo todos nuestros rasgos en los lugares correctos. Por ejemplo, ¿qué pasaría si Él hubiera puesto nuestras rodillas donde están nuestros oídos o nuestra boca donde está nuestro estómago. Este mantra nos recuerda esta perfección de nuestro cuerpo.

Somos abundantes porque tenemos todo lo que necesitamos. Para entender el poder de la abundancia, simplemente hay que preguntarle a un ciego el valor de la vista, a un sordo el valor del sonido, a un lisiado el valor de los miembros sanos, etc. Cuando entendemos las insuficiencias que enfrentan estas personas, nos damos cuenta de lo abundantes que somos.

Somos felices porque estamos vivos y bien a pesar de todos los sufrimientos y dolores que sufrimos, y a pesar de todos los males que cometemos, a sabiendas o no. Imagine cuántos errores ha cometido, y aun así permanece en una sola pieza. ¿No es esa una razón para sentirse feliz? Por lo tanto, este mantra nos recuerda la abundancia, la belleza y la felicidad que tenemos. Este mantra también es genial para la autoestima y la construcción de la confianza.

El Siri mantra o el mantra mágico: El mantra mágico tiene el poder de eliminar toda la negatividad y los obstáculos de su vida. Este mantra es:

Ek Ong Kar Sat Gur Prasad, Sat Gur Prasad Ek Ong Kar

La traducción de este mantra es algo así:

"El Ser Divino y yo somos uno; lo sé por la gracia del sabio y verdadero Gurú.

Lo sé por la gracia del sabio y verdadero Gurú, el Ser Divino y yo somos uno".

Repetir este mantra es excelente para mejorar sus poderes intuitivos también. Después de dominar el poder de este mantra, cualquier cosa que diga se amplifica. Por lo tanto, debe prestar atención a las conversaciones positivas y evitar las negativas. Sin embargo, es igualmente importante saber que, si este mantra no se canta correctamente, puede resultar contraproducente para usted. Por lo tanto, sería una buena idea meditar y aprender a calmar su mente antes de comenzar este canto.

Kundalini Yoga mudras (Posturas y gestos de la mano)

El poder en y de nuestras manos va más allá de las funcionalidades básicas del trabajo. Lo tienen en ellas para ser un mapa energético de nuestra salud y conciencia. Cada área y porción de la mano está relacionada con una cierta parte del cuerpo y con diferentes pensamientos y emociones.

Al tocar, curvar, estirar y cruzar las palmas y los dedos, se está comunicando efectivamente con el cuerpo y la mente. Las posiciones y gestos de las manos se llaman mudras en sánscrito. Es una técnica usada por yoguis y practicantes de Kundalini Yoga para enviar mensajes claros a nuestro sistema de energía cuerpo-mente.

Veamos algunos mudras importantes usados en Kundalini Yoga:

En el mudra de la mano, su pulgar es usted (o su ego), y se conecta a diferentes planetas dependiendo del dedo que su pulgar toque.

Gyan mudra: Denominado el Sello del Conocimiento, estimula la calma, la sabiduría, el conocimiento y la receptividad. Toque suavemente la punta del pulgar y el índice, mantenga los otros tres dedos rectos, y tendrá el Gyan mudra. El Gyan mudra está gobernado por Júpiter, el planeta conocido por sus poderes de expansión y crecimiento.

Shuni mudra: Conocido como el Sello de la Paciencia y el Coraje, este mudra es una excelente herramienta para construir la paciencia, el compromiso y las habilidades de discernimiento. Este mudra requiere que toque la punta del pulgar y el dedo medio entre sí, y que mantenga los otros tres dedos rectos. El maestro de este mudra es Saturno, el planeta conocido por ser un duro capataz, y nos enseña la importancia de asumir la responsabilidad y hacer nuestro deber con valentía y rectitud.

Ravi o Surya mudra: Conocido como el Sello de la Vida, la Energía o el Sol, el Surya mudra es genial para construir la fuerza de sus nervios, revitalizar su energía, y para la buena salud en general. Para este mudra, toque la punta de su pulgar y el dedo anular (o tercero) juntos, manteniendo los otros tres dedos rectos. El maestro planetario de este mudra es el Sol, famoso por su poder para mejorar la sexualidad, la energía y la salud. También está gobernado por el planeta Urano, responsable de la fuerza nerviosa, los poderes intuitivos y la adaptabilidad al cambio.

Buddhi mudra: Denominado el Sello de la Claridad Mental, este mudra promueve la comunicación clara e intuitiva. También promueve el desarrollo psíquico, además de ayudar a mejorar las habilidades de oratoria y comunicación. El mudra se forma al tocar la punta del pulgar y el meñique, dejando los otros tres rectos. El planeta del Buddhi Mudra es Mercurio, que es conocido por su rapidez y sus poderes mentales.

Pranam mudra: Comúnmente llamado la Pose de Oración, este mudra combina sin problemas el lado negativo del cuerpo, que es el lado izquierdo o femenino, con el lado positivo del cuerpo en el lado derecho, masculino, resultando en un efecto equilibrado en la persona. Este mudra consiste en tocar las palmas de las manos con todos los dedos de ambas manos completamente.

El Pranam mudra tiene un razonamiento científico detrás de él. Hay una diferencia de polaridad entre el lado derecho e izquierdo, o el Pingala y el Ida, respectivamente. Cuando las manos derecha e izquierda se juntan y se tocan, las polaridades se neutralizan, creando un espacio neutral en el campo electromagnético.

En la posición del Pranam mudra, los nudillos de los pulgares tocan la muesca del esternón. Este lugar es un importante punto reflejo del nervio vago, un importante nervio que sube a la glándula pineal desde la parte delantera del cuerpo. Se han realizado muchas investigaciones sobre el nervio vago, y las observaciones muestran que juega un papel importante en los sentimientos de bondad, compasión y empatía.

El Pranam mudra crea presión en este punto reflejo e impulsa a la pituitaria y a la glándula pineal a aumentar sus secreciones, lo que resulta en una resonancia en el cerebro. La conciencia pasa del estado rítmico normal a un estado meditativo, asegurando que sus oraciones vienen directamente del corazón. Esta es la razón científica detrás de por qué doblamos las manos durante la oración.

Cerradura de Venus: Esta mudra promueve la mejora de la concentración, el equilibrio glandular y también mejora la energía sexual. Para los hombres, este mudra requiere que los dedos de las dos manos se entrelacen con el meñique izquierdo que está justo en la parte inferior. El pulgar izquierdo se coloca entre la suave región palmeada entre el pulgar y el índice de la mano derecha. El pulgar derecho se coloca sobre el pulgar izquierdo en el montículo que se encuentra en su base.

Para las mujeres es lo mismo, excepto que las posiciones del pulgar derecho e izquierdo están intercambiadas. Los montículos en la base de los pulgares representan a Venus, el planeta de la sexualidad y la sensualidad. El pulgar representa su ego.

Capítulo 8: Kundalini Yoga: Kriyas (secuencias completas)

Se le ha presentado el significado básico de kriya, que es un conjunto de mudras, pranayama y ejercicios de asana. Profundicemos un poco más en algunas de las kriyas más comunes e importantes que se practican en el Kundalini Yoga.

Hay miles de kriyas diseñadas para el despertar de la Kundalini. Veremos algunas desde la perspectiva de un principiante. Sin embargo, antes de comenzar con la práctica de la kriya, es importante conocer, comprender y seguir esta serie de pautas.

Directrices para la práctica de kriyas

Utilice estas pautas básicas a seguir antes, durante y después de una sesión de kriya.

Antes de la práctica:

• Todas las distracciones, como los móviles y los dispositivos electrónicos, deben estar apagados.

• Coma un refrigerio ligero junto con agua unas dos o tres horas antes de la sesión.

• Use ropa cómoda y holgada. También hay que llevar la cabeza cubierta, como un pañuelo, una bandana, etc. Asegúrese de que toda su ropa y prendas estén hechas de fibras naturales, ya que son excelentes agentes aislantes para mantenerle conectado a tierra durante la meditación.

• Tenga una manta o sábana de fibra natural como lana o algodón para sentarse. También necesitará una segunda sábana o chal para cubrirse durante los periodos de relajación y meditación.

• Si tiene problemas con la parte baja de la espalda, las piernas o las caderas, puede utilizar un pequeño cojín para sentarse en una posición elevada cuando esté sentado o durante la meditación.

Durante la práctica:

• El primer y principal propósito del Kundalini Yoga es aumentar su autoconciencia. Por lo tanto, sintonice con las señales de su cuerpo, escúchelas y siga lo que dicen.

• Desafíese a hacer un poco más de lo que cree que puede. Por ejemplo, si considera que no puede sentarse durante más de cinco minutos para su meditación, esfuércese por sentarse durante seis minutos.

• Siga estrictamente las instrucciones dadas para cada kriya. Asegúrese de seguir el orden y el tipo de postura, asana y técnica de respiración sugeridos para cada kriya.

• No intente hacer una kriya más allá del tiempo máximo recomendado. Puede acortar el periodo si lo desea. Sin embargo, recuerde reducir el tiempo proporcionalmente para todos los elementos de la kriya.

• Cuando se encuentre en una clase con su instructor, aclare sus dudas sobre cualquier aspecto de la kriya. Hacer bien las kriyas es importante para el éxito del Despertar de Kundalini.

• Puede beber agua, si lo necesita, entre los ejercicios.

En el caso de las mujeres, durante las épocas de mayor intensidad de la menstruación, evite realizar ejercicios de yoga extenuantes. En particular, evite la técnica de respiración de la Respiración de Fuego, la Postura del Camello, la Postura de la Langosta, la Llave Raíz, etc. En lugar de realizar estos ejercicios extenuantes durante las menstruaciones abundantes, puede simplemente visualizarse haciéndolos o pedir a su instructor una versión modificada adecuada para usted durante ese período.

Después de la práctica:

• Consuma mucha agua. Sintonice con su estado físico, emocional y mental e intente observar lo que le quieren decir.

• Intente incorporar a su vida diaria al menos un ejercicio sencillo aprendido en la clase. Por ejemplo, si ha aprendido bien la técnica de la Respiración Profunda y Larga, puede probarla en cualquier momento libre del día.

El Sat Kriya

Esta es la kriya fundamental en el Kundalini Yoga, y debe hacer esta kriya en una sesión de 3 minutos por lo menos tres veces al día. Hay múltiples beneficios al hacer esta kriya, incluyendo una mejor salud general, mejor salud del corazón, etc. Incluso si no tiene tiempo para ninguna otra kriya, haga esta para mantener su cuerpo limpio, relajado y saludable. Use estos pasos para esta kriya:

• Siéntese usando la Pose de la Roca.

• Estire sus brazos sobre su cabeza. Los codos deben estar rectos hasta que los antebrazos abracen las orejas o los lados de la cabeza.

• La columna vertebral debe estar recta y quieta. Asegúrese de no sentir un empuje pélvico o una flexión de la columna vertebral.

• Dejando fuera los dedos índices, entrelace todos sus dedos. Las puntas de los dedos índices deben tocarse entre sí y deben apuntar hacia arriba. La mujer debe cruzar el pulgar izquierdo sobre el derecho. Los hombres deben cruzar el pulgar derecho sobre el izquierdo.

- La posición anterior debe mantenerse durante toda la kriya.

- Comience a cantar el Sat Nam mantra rítmicamente, repitiendo unos 8 minutos por 10 segundos.

- Mientras inspira y tira del ombligo hacia la columna vertebral, diga "Sat" y sienta la presión en su tercer ojo.

- Diga "Nam" mientras exhala y relaja los músculos de su vientre.

- Al entrar en este ritmo, su vientre y los músculos del abdomen comienzan a moverse rítmicamente, y notará que su respiración se controla automáticamente.

- Para terminar la kriya, inhale y apriete suavemente los músculos de los esfínteres y sienta la energía que sube por la columna vertebral.

- Sosténgalo por un rato y concéntrese en su chakra de la corona. Ahora, exhale.

- Inhale y exhale suavemente y abra los ojos.

La Pose de Estiramiento

La Pose de Estiramiento es única y comúnmente usada en el Kundalini Yoga. Sí, es un poco desafiante, pero altamente digna y gratificante. La Pose de Estiramiento estimula y activa el chakra del tercer ojo y también afecta a todo el cuerpo. La activación del chakra del tercer ojo aumenta la autoestima y la resolución.

Esta kriya utiliza el ombligo como punto de apoyo para fortalecer los músculos del abdomen y reajustar todo el sistema nervioso. Cuando se usa junto con la Respiración de Fuego, tiene el poder de calmar y rejuvenecer el cuerpo y la mente, incluso cuando la sangre está purificada y energizada. Los beneficios de la Pose de Estiramiento incluyen:

- Fortalecimiento del punto del ombligo, que es el centro de poder.

- Fortalecimiento de sus órganos y glándulas reproductivas.

- Afina su sistema nervioso de forma natural y eficiente.

• Para las mujeres, hay algunas contraindicaciones para la Pose de Estiramiento, considerando que esta kriya pone una presión extra en el sistema reproductivo. Por lo tanto, las mujeres tienen que tomar cuidado:

• Las mujeres embarazadas no deben hacer esto, especialmente aquellas que han pasado 120 días de embarazo.

• Las mujeres con complicaciones en el embarazo deben evitar hacer esta pose. Hable con un instructor calificado para modificaciones o ayuda.

• Las mujeres que experimentan los primeros días de sangrado intenso del ciclo menstrual no deben hacer esta kriya.

La Pose de Estiramiento se puede hacer usando estos pasos:

• Acuéstese de espaldas cómodamente en una manta o sábana hecha de fibra natural.

• Levante la cabeza y los talones a unas seis pulgadas del suelo.

• Estire los dedos de los pies lejos de usted.

• Enfoque sus ojos en las puntas de los dedos de los pies.

• Coloque sus manos sobre sus muslos (o piernas, si puede levantarse hasta ese punto), asegurándose de que no se toquen. Las palmas de las manos deben mirar hacia abajo.

• Haga la Respiración de Fuego.

Lo ideal sería mantener esta posición durante 1 a 3 minutos (sí, todo un reto). Normalmente, la mayoría de la gente puede mantener esta posición durante no más de 30 segundos, durante los cuales se puede sentir el tirón de los músculos. Después de esto, su cuerpo podría temblar, y su cara podría contorsionarse debido a la presión sobre los músculos. Definitivamente no se espera que los principiantes mantengan esta posición durante todo el tiempo. Para los principiantes, mantenerla durante tres minutos es casi imposible. Utilice estas técnicas para desarrollar lentamente la fuerza y la confianza en sus habilidades:

Coloque sus manos detrás de su espalda y debajo de sus nalgas, con las palmas hacia abajo. Esta posición da fuerza y apoyo a la parte baja de la espalda y le permite mantener las piernas levantadas más fácilmente que de otra manera.

Levante una pierna a la vez en lugar de las dos juntas. Mantenga la posición con la pierna derecha levantada y la pierna izquierda firmemente fijada al suelo. Luego cambie la posición de las piernas. La pierna que está en el suelo mejorará su estabilidad, facilitando su capacidad para mantener la otra pierna en una posición elevada durante más tiempo.

Alternativamente, puede levantar ambas piernas simultáneamente, pero manteniendo las rodillas ligeramente flexionadas. Esto también reducirá la dificultad de hacer la kriya en los estados iniciales.

Otra forma de desarrollar la resistencia para este ejercicio es alternar manteniendo la postura y descansando durante 10 segundos cada uno. Gradualmente se puede aumentar la duración hasta que se pueda mantener la posición por períodos más largos.

Comience de a poco y aumente gradualmente su capacidad para mejorar el tiempo de mantenimiento de la Pose de Estiramiento.

Kriya para fortalecer la resistencia y la vitalidad

Esta kriya desata la poderosa energía interna que yace latente dentro de usted para que pueda aprovechar el poder de la mayor resistencia y vitalidad. Esta kriya comienza su magia liberando la energía almacenada en el punto del ombligo y llevando esta energía a todos los nadis mayores y menores de su cuerpo.

Luego, esta kriya lleva la energía hacia arriba desde el chakra del plexo solar hasta el chakra de la garganta para energizar las glándulas superiores allí. Finalmente, el Sushumna se libera de todas las obstrucciones, y la energía se libera en esta superautopista Nadi. Es una gran kriya para los principiantes y los experimentados practicantes de Kundalini Yoga.

Doble la cadera y equilibre su cuerpo con las puntas de los dedos de los pies y de las manos. Mantenga las rodillas rectas, pero no bloqueadas incómodamente.

En esta posición, mueva las caderas rápidamente. Imagine cómo un animal movería su cola. Repita ese movimiento rápidamente. Hágalo durante tres minutos.

Luego, siéntese en la posición fácil y empuje su columna hacia atrás en un ángulo de 60 grados. Los brazos deben estar doblados delante de usted. Mantenga su cuello recto. Ahora, gire los hombros en un círculo hacia adelante. Este ejercicio también debe hacerse durante tres minutos.

Acuéstese en la posición del niño. Entrecruce los dedos llevando las manos a la parte baja de la espalda. Ahora, levante los brazos por encima de la espalda en una postura de yoga y mantenga esta posición durante tres minutos.

A continuación, siéntese con las piernas cruzadas en el suelo en posición de loto e inclínese hacia atrás apoyándose en los codos. Mantenga esta posición durante tres minutos.

A continuación, siéntese en el suelo y estire las piernas. Ahora, tóquese los dedos de los pies y haga que la cabeza toque las rodillas y vuelva a subir. Haga este movimiento no más de 11 veces rápidamente. Recuerde respirar normalmente y NO usar la técnica de respiración de fuego.

La última pose requiere que se siente en Sukhasana. Con el Pranam mudra, enfoque sus ojos en la punta de su nariz. Mantenga el cuello recto y el pecho y la barbilla fuera. Bombee la punta del ombligo, imaginando un millón de puntos de luz que emergen de allí y llenan su cuerpo con su energía. Haga esto durante 3 minutos.

Para terminar la kriya, inhale profundamente y sostenga. En esta posición, apriete todos los músculos de su cuerpo. Después de unos 10 segundos, exhale explosivamente por la boca. Repita esta técnica de respiración dos veces más. Lentamente abra los ojos.

Kriya para conquistar y superar el dolor

La kriya autocurativa le ayuda a conquistar y superar el dolor equilibrando su sistema nervioso central. Entrena su cuerpo para conquistar el dolor, lo que le ayudará a superar cualquier problema en su vida.

Siéntese en una postura fácil manteniendo su columna vertebral erguida y relajada.

Separe los dedos para que los dedos medio e índice se toquen entre sí, y los dedos meñiques y anular se toquen entre sí. Estire los brazos hacia los lados y paralelos al suelo. En esta posición, sentirá un estiramiento en su axila. La palma de su mano izquierda debe mirar hacia abajo, y la de su mano derecha debe mirar hacia arriba.

Ahora, inhale por la boca y exhale por las fosas nasales. Disminuya su respiración tanto como pueda hasta que pueda completar solo tres ciclos de respiración por minuto. Asegúrese de que sus brazos estén rectos, y sienta el estiramiento en sus axilas. Esta kriya tiene que hacerse durante 11 minutos.

Para terminar la kriya, inhale profundamente por la boca, contenga la respiración, asegurándose de que sus brazos están completamente estirados hacia afuera, y su columna vertebral se estire hacia arriba. Luego exhale por la nariz. Repita esta secuencia de respiración dos veces más antes de abrir lentamente los ojos.

Desintoxicación Kriya

Los humanos han evolucionado para absorber más de lo que podemos procesar. Por ejemplo, frecuentemente, comemos más de lo que necesitamos diariamente acumulando los alimentos no procesados en nuestro cuerpo. Acumulamos un montón de emociones y experiencias negativas, sin querer y a sabiendas. Por lo tanto, a menudo, nos sentimos empantanados por las negatividades y el exceso no procesado que hemos acumulado en nuestra vida.

La energía preciosa se utiliza a menudo para cuidar de estas acumulaciones improductivas. Desintoxicarnos no solo nos ayudará a deshacernos de las toxinas físicas, emocionales y mentales, sino que también nos ayudará a conservar la preciosa energía para utilizarla con fines productivos. Por lo tanto, necesitamos desintoxicar continuamente nuestra mente y cuerpo para mantenernos ligeros, sanos y flexibles. La kriya desintoxicante está diseñada específicamente para este propósito.

1. Acuéstese de espaldas. Sus talones deben estar rectos, juntos y tocando el suelo, y sus dedos deben estar apuntando hacia arriba. Ahora, separe los pies para que el pie derecho apunte a la derecha y el izquierdo a la izquierda.

A continuación, junte los pies de manera que apunten hacia arriba otra vez. Continúe abriendo y cerrando los pies durante cuatro minutos.

2. Permanezca acostado de espaldas. Ponga las manos detrás de la cabeza.

Levante las piernas unos 60 cm y haga con ellas el movimiento de tijera, asegurándose de que los talones no toquen el suelo.

3. Mantenga las piernas rectas y las rodillas flexionadas. Haga este ejercicio durante cuatro minutos.

A continuación, acuéstese boca abajo. Exhale por la boca mientras levanta la parte superior de su cuerpo en la postura de la cobra.

Inhale por la boca mientras baja el cuerpo hasta el suelo. Este ejercicio es excelente para deshacerse de las toxinas de su cuerpo. Hágalo durante unos seis minutos.

4. A continuación, acuéstese de nuevo boca arriba. Suba las rodillas al pecho.

Levante los brazos hacia arriba en un ángulo de 90 grados.

Enderece las rodillas y baje las manos hasta el suelo.

Haga este ejercicio durante tres minutos, asegurándose de que sus movimientos están controlados. No debe haber ningún sonido cuando baje las manos y las piernas a la espalda.

5. Siéntese en la postura fácil. Ahora, gire el torso en sentido contrario a las agujas del reloj alrededor de la base de la columna vertebral como un movimiento de agitación.

Haga este ejercicio durante tres minutos, tratando de aumentar la velocidad de la revolución en el último minuto.

6. A continuación, párese derecho. Inclínese hacia adelante y sostenga o agarre sus tobillos. Siéntese en una posición de cuervo mientras sostiene su tobillo. Ahora, vuelva a levantarse. Haga este ejercicio durante dos minutos.

Puede terminar esta kriya sentándose en una pose fácil y cantando el Sat Nam Mantra durante once minutos. Después de la meditación, estire los brazos sobre su cabeza con las palmas de las manos tocándose. Inhale mientras lo hace y contenga la respiración durante unos 20 a 40 segundos, dependiendo de su habilidad. Exhale lentamente. Repita esta secuencia de respiración dos veces más antes de abrir los ojos.

Las kriyas tomarán tiempo y esfuerzo para dominar. Alcanzar la máxima duración recomendada para cada kriya no sucederá para los principiantes. Comience de a poco y aumente gradualmente la intensidad y duración de cada kriya hasta que pueda hacerlo durante todo el período máximo recomendado. Para reiterar, no intente hacerlo por más del tiempo máximo recomendado. Siga los pasos estrictamente para obtener beneficios óptimos.

Capítulo 9: El tantra y otras prácticas

Practicar el Kundalini Yoga a través de asanas, pranayama, kriyas, mudras y meditaciones es una excelente manera de despertar el Kundalini; necesita hacer más que pasar unos minutos dedicados a este ejercicio. Debes incluir la práctica del despertar de la Kundalini en su rutina diaria.

El deseo de despertar la Kundalini debe ser parte del propósito de su vida. Además, hay múltiples formas de incluir los hábitos diarios, cambiar su estilo de vida y alterar su mentalidad que le ayudará a construir su fuerza y capacidad para despertar la dormida, pero poderosa serpiente dentro de usted. Cuando haya dominado lo básico, entonces las opciones avanzadas como el shaktipat y tantra pueden llevarlo más adelante en su viaje.

Técnicas cotidianas para despertar su Kundalini

Concéntrese en su respiración: Cualquier ejercicio que lo lleve a concentrarse en su respiración es útil para el despertar de la Kundalini. Por lo tanto, aprenda a vivir un estilo de vida más consciente. Concéntrese en el momento presente.

Independientemente de la tarea que haga, trate de notar cómo su respiración viene y va.

El mejor y más efectivo método para concentrarse en su respiración es pasar solo cinco minutos cada día notando su respiración. Haga el sencillo ejercicio de respiración explicado en un capítulo anterior. Aunque no haga nada más, este simple ejercicio de respiración lo acercará a su meta de despertar la Kundalini.

Si tiene problemas para recordar hacerlo, ponga la alarma después o antes de la hora de comer y justo antes de acostarse. Haga cinco minutos de ejercicios de respiración sentado en cualquier lugar cómodo y sin ser molestado.

Evite todo tipo de negatividad en su vida: Cuanto más positivo sea usted, más positivismo atraerá. Lo contrario también es cierto, lo que significa que cuanta más positividad traiga a su vida, más positivo se convertirá. Una forma de atraer la positividad es rechazando la negatividad.

Observe todos los patrones negativos en su vida. Puede ser en la forma en que piensa, en la compañía que mantiene, y en su perspectiva general. Cuando se encuentre con la negatividad en cualquier aspecto de su vida, elimínela o reemplácela por algo bueno. La segunda forma de manejar la negatividad se llama reformular o reencuadrar. Cada vez que se encuentra pensando negativamente, reformule la situación o el pensamiento en algo positivo.

Por ejemplo, ¿qué pasaría si planea salir a almorzar con sus amigos un sábado por la tarde, y de repente llueve a cántaros? En vez de enfadarse por el tiempo, podría decirse a sí mismo, "esta es una gran oportunidad para terminar esa pintura que he estado posponiendo".

Aquí hay otro ejemplo de reencuadrar los pensamientos de forma positiva. Supongamos que recibió una carta de rechazo de una empresa que solicitó un trabajo. En lugar de decirse a sí mismo que no la recibió porque no merecía la oferta, dígase a sí mismo que no la recibió porque algo mucho mejor está a la vuelta de la esquina.

Utilice técnicas de visualización: Los ejercicios de visualización son herramientas poderosas para mejorar todas las cosas correctas en su vida, incluyendo el viaje del despertar de la Kundalini. Visualice la luz divina que se enciende en la base de su columna vertebral y que lentamente se eleva y se mueve hacia la corona. Visualice esta luz brillante esparciendo calor y la luz del conocimiento y la sabiduría a cada célula de su cuerpo. Mientras lo visualiza, repita estas afirmaciones:

La luz divina es mi fuente de energía.

La luz divina me crea y expande mi conocimiento y sabiduría.

La luz divina me protege.

Estoy bañado en esta luz divina.

Active sus intereses y pasatiempos: Activar sus intereses y pasatiempos no solo es bueno para despertar su Kundalini, sino que también es útil para llevar una vida feliz y equilibrada. Pero para despertar su Kundalini, es imperativo que pase por lo menos una hora cada día invirtiendo tiempo y energía en una actividad que lo mantenga no solo feliz, sino comprometido e inmerso.

El desafío con este punto es que nuestras agitadas vidas y las presiones sociales nos llevan a invertir tiempo y energía solo en tareas "productivas", y los pasatiempos e intereses que no tienen valor monetario se consideran "improductivos". Es hora de cambiar esta actitud y luchar contra este enfoque.

Enumere las cosas que se mueren por hacer, pero que no se pueden hacer por falta de tiempo y energía. Haga otra lista de las cosas que se ve obligado a hacer porque son más productivas, aunque no le hagan feliz. Reemplace las actividades infelices por otras felices y vea la diferencia que esta elección hará en su vida y en sus experiencias vitales. La vida alegre es un aspecto crítico del despertar de la Kundalini.

Hábitos diarios yóguicos para el despertar de la Kundalini

A medida que practica Kundalini Yoga, la mayor conciencia impacta en todos los aspectos de su vida, desde las actividades diarias mundanas hasta el proceso de pensamiento filosófico más esotérico que es probable que absorba durante su viaje. Esta sección está dedicada a mostrarle cómo cambiar sus actividades diarias con mayor conciencia para que también contribuyan al proceso del despertar de la Kundalini. Estos hábitos, tan simples y ordinarios como pueden parecer, tienen un gran impacto en nuestra vitalidad y conciencia.

Cepillarse los dientes: Gracias a su dentista, ya sabe la importancia de cepillarse los dientes para la salud de los dientes, la boca y las encías. Ahora, aprenda cómo un hábito de conciencia de cepillarse los dientes afectará positivamente su proceso de despertar de la Kundalini.

Por la noche, mientras duerme, su boca se convierte en una incubadora en la que cientos y miles de bacterias crecen y se desarrollan. Los mejores lugares para que estas bacterias prosperen son dos pequeños bolsillos en su garganta. Por lo tanto, si no se cepilla los dientes y se limpia la boca hasta la parte posterior de la lengua, las posibilidades de tragar estas bacterias que causan enfermedades aumentan significativamente.

Tan pronto como se levante por la mañana, cepíllese bien los dientes y luego use su cepillo de dientes para limpiar hasta la parte posterior de la lengua tan profundamente que tenga arcadas, lo cual es algo bueno. Con estas náuseas, todas las bacterias son expulsadas de su boca, y su boca, lengua, dientes y garganta están listos para enfrentarse al mundo.

Al amordazar las bacterias, los ojos se humedecerán, lo cual es otra cosa buena porque estas lágrimas ayudarán a preservar la vista. El polvo de dientes que se usa para limpiar la lengua y para inducir las arcadas puede estar hecho de estos ingredientes: 1 parte de sal marina y 2 partes de alumbre de potasio.

Puede hacer este polvo y guardarlo en un frasco en su baño. Ponga un poco todos los días en la palma de su mano. Luego, lave su cepillo de dientes y sumérjalo en el polvo y cepille sus dientes y lengua. Puede completar el cepillado de sus dientes con su pasta de dientes favorita.

Importancia del sueño para el despertar de Kundalini: El sueño es esencial para que el cuerpo y la mente descansen y se recuperen y rejuvenezcan. Solo después de un sueño reparador puede sentirse alerta para enfrentar los desafíos de un nuevo día. Aquí hay consejos sobre cómo debe preparar su espacio para dormir para asegurar que tenga una noche de sueño reparador todos los días.

• El colchón debe ser lo suficientemente firme para soportar la columna vertebral y permitir que el sistema nervioso se relaje.

• Deje que su cama esté alineada en dirección este-oeste para una noche de sueño tranquilo. Si su cama está en la misma dirección que el campo magnético de la Tierra (dirección norte-sur), entonces su energía personal podría ser superada, resultando en un sueño sin calidad. Se despertará gruñón y cansado.

• Mire a ver si puede tener música inspiradora o afirmaciones tocando suavemente de fondo en su dormitorio, especialmente antes de acostarse. Puede mantener este sonido a niveles casi inaudibles para que fluya directamente a su mente subconsciente.

Aquí hay consejos útiles para prepararse para el sueño:

• Debería haber sudado y reído su cuota diaria antes de acostarse. Si no lo ha hecho, entonces salga a caminar antes de acostarse a dormir.

• No tome comidas pesadas por la noche.

• Cepíllese los dientes antes de dormir.

- Beba un vaso de agua, si quiere. La deshidratación por la noche puede causar alteraciones del sueño. Levantarse para ir al baño no lo perturbará. Puede volver a dormirse fácilmente.

- Justo antes de acostarse en la cama, lávese los pies con agua fría. Esto ayuda a calmar y relajar su sistema nervioso.

- Medite o diga sus oraciones.

Consejos útiles para dormirse:

- Tome todas sus preocupaciones y problemas. Empaquételos en una maleta. Cierre con llave y póngalos en un estante que diga DIOS. Se sorprenderá de cómo este simple ejercicio de visualización puede ayudar a calmar sus nervios.

- Ponga la alarma en su mente para despertar cuando quiera. Sí, no necesita una alarma exterior. La mente subconsciente mantiene un tiempo excelente y responderá a su orden.

- Acuéstese boca abajo con la mejilla derecha en la almohada. Esta posición asegurará que su fosa nasal izquierda esté abierta para respirar energía calmante y tranquilizadora. En esta posición, haga ejercicios de respiración largos con ambas fosas nasales.

- Una vez que se sienta con sueño, voltéese y duerma en su posición preferida.

Hidroterapia en Kundalini Yoga

Uno de los hábitos matutinos más importantes que promete buena salud es una ducha fría. El proceso, por cruel que parezca, es una poderosa herramienta llamada hidroterapia o "ishnaan". Una ducha fría va más allá de mantener su cuerpo físico y externo limpio e higiénico. Los beneficios de la hidroterapia son múltiples.

- Cuando el agua fría golpea su piel, toda la sangre corre hacia sus órganos. Este movimiento de flujo de sangre hacia los órganos es una forma de proteger los órganos y los mantendrá calientes contra el golpe de agua fría. Es un mecanismo de autodefensa innato de nuestro cuerpo.

• A medida que la sangre se precipita hacia los distintos órganos, los capilares sanguíneos se expulsan, lo que resulta en un poderoso entrenamiento para ellos. Las duchas frías despejan los vasos sanguíneos y eliminan las toxinas.

• Además, el sistema circulatorio se beneficia enormemente de una ducha fría, dejando la piel y las células sanguíneas rejuvenecidas y refrescadas. Una ducha fría también estimula el aumento de las secreciones en el sistema glandular, lo que resulta en un mejor funcionamiento del cuerpo y la mente.

Consejos útiles para tomar una ducha fría cada mañana:

• Masajear todo el cuerpo con una pequeña cantidad de aceite de almendras antes de la ducha. Contiene muchos minerales y no se pega al cuerpo. Cuando está húmedo, el aceite de almendras se absorbe fácilmente por la piel.

• Utilice calzoncillos o pantalones cortos de algodón para cubrir sus muslos para proteger el hueso del fémur del impacto directo del agua fría.

• Abra la ducha fría. Métase y salga de la ducha varias veces, masajeando continuamente su cuerpo hasta que el agua ya no se sienta fría. Sí, cuando entra y sale repetidamente de la ducha fría, su piel y su cuerpo se acostumbrarán al frío y no enviarán señales de salto a su cerebro.

• Comience con sus extremidades inferiores, luego pase a sus brazos, y cuando esté listo, ponga todo su cuerpo bajo la ducha.

Si tiene un problema de ciática o presión arterial alta, consulte a su médico antes de probar esta terapia.

Consejos especiales para mujeres:

• Asegúrese de masajearse los senos para liberar toxinas y mejorar la circulación.

• Evite las duchas frías cuando esté menstruando.

• Si está embarazada, su bebé no debe estar bajo el agua fría durante más de tres minutos. Y después del séptimo mes, no se duche con agua fría. Una vez más, hable con su médico antes de probar la hidroterapia si está embarazada.

• Después de la ducha, séquese rápidamente. Esto le dará a su cuerpo un buen brillo.

Métodos avanzados para despertar la Kundalini

Una vez que ha aprendido y dominado lo básico, puede pasar a los métodos avanzados que ayudan a despertar su Kundalini. Dos de los más populares y aceptados avanzados incluyen el tantra y el shaktipat. Veamos brevemente cada elemento.

Tantra: Existe mucha confusión para entender el tantra, tradiciones esotéricas esenciales conectadas tanto al hinduismo como al budismo. Lamentablemente, en el mundo occidental, los no iniciados ven el tantra como un medio de potenciación sexual. El tantra va más allá y por encima del empoderamiento sexual materialista.

Hay técnicas avanzadas de meditación de mantra en el tantra utilizadas para despertar la Kundalini. Una famosa escritura tántrica llamada Vijñāna Bhairava Tantra enumera 112 técnicas de meditación tántrica. Otra escuela tántrica llamada Bhairavanand Tantra se deriva del shaivismo y enseña a los practicantes lecciones avanzadas usando la meditación mantra para despertar la Kundalini. Y esta tradición utiliza una combinación de yantras y yagnas.

Los yantras son formas geométricas especiales conocidas por tener el poder de afectar cambios tangibles a nivel físico por la energía de niveles de energía más sutiles. Los yagnas son grandes fuegos de sacrificio sobre los que se cantan mantras junto con elementos sagrados sometidos al fuego para lograr deseos especiales.

Shaktipat: Shaktipat es la transferencia de energía espiritual de un gurú a un estudiante bien preparado y merecedor. Este mecanismo de transferencia de energía no solo resulta en la recepción de nueva energía por parte del estudiante, sino también en la mejora y conservación de su propia energía.

La transferencia de energía a través de shaktipat ocurre de muchas maneras, incluyendo a través del tacto, el uso de un mantra, o a veces simplemente por la vista. Es interesante que el gurú no necesariamente transfiera su propia energía, sino la energía de los antiguos y pasados gurús de su linaje.

Los estudiantes ven a shaktipat como una forma de gracia de su gurú, y, por lo tanto, es difícil de lograr. Su gurú debe estar verdaderamente complacido con sus esfuerzos para despertar la Kundalini, y debe estar preparado para asumir los desafíos que vienen con la energía de la serpiente despierta.

Hay otras formas de despertar la Kundalini, incluso a través del sexo. Sí, nuestros instintos biológicos pueden ser la puerta para el despertar espiritual. Las energías de las dos parejas pueden resonar durante el acto sexual, lo que lleva a una mayor experiencia espiritual que afecta a ambas parejas simultáneamente.

Y, aun así, es importante saber que el despertar de su Kundalini es un evento incontrolable y espontáneo. Si encuentra su Kundalini despierta, esto está fuera de su control. Solo puede persistir y esperar pacientemente el momento en que suceda. Diferentes experiencias de la vida pueden hacer que esta energía suba por la columna vertebral sin o sin su conocimiento.

Y sí, alguien que ha estado practicando durante años en Kundalini Yoga podría no tener éxito todavía, mientras que alguien que nunca ha oído hablar de este concepto podría experimentarlo, sin saberlo, por supuesto.

Capítulo 10: Qué hacer después de un despertar de la Kundalini

Asumamos que ha tenido su despertar de la Kundalini. Ahora, ¿qué hace? ¿Qué esperar cuando llegue este momento trascendental? ¿Cómo manejarse a sí mismo y a su vida después de él? Este capítulo está dedicado a estos aspectos.

Lo primero es lo primero. Cuando experimente el despertar de Kundalini, definitivamente se sentirá asustado, desorientado, y bastante horrible. A menudo, el despertar de la Kundalini puede parecer una enfermedad mental o una red de dificultades emocionales que parecen insuperables para los nuevos y los no iniciados.

Puede ser bastante difícil orientarse, incluso si se ha estado esperando este día durante años. Todo lo que sabrá es que algo realmente extraño le está sucediendo. De hecho, hay historias de casos de la vida real donde las personas que han tenido Despertares de la Kundalini no han podido lidiar con ello y han sido internados e incluso adictos a las drogas impulsados por los miedos e inseguridades.

Beneficios y cambios por esperar con el despertar de la Kundalini

Una mayor gama de emociones y sentimientos: Una de las primeras cosas que experimentará con el despertar de la Kundalini es que su gama de emociones, tanto en intensidad como en número, aumentará significativamente. Así, se encontrará capaz de sentir incluso las emociones más sutiles en su mente. Por ejemplo, si está en un área concurrida, podrá escuchar los sollozos de alguien que llora de dolor en algún lugar de la multitud y que nadie más ha notado. El espectro de su experiencia emocional se multiplicará.

Además, se sentirá energéticamente sensible. A medida que camina por la calle, sin querer, absorbe todo tipo de energías emocionales. Esta experiencia puede ser muy inquietante, considerando que las emociones que absorbe no se limitan a las positivas. Estos sentimientos no son realmente suyos sino de otras personas, y, sin embargo, se sentirá profundamente conectado a estas emociones. Sí, eso le perturbará por un tiempo hasta que haya aprendido a trazar límites saludables y a manejar el talento recién descubierto.

Su vida cambiará para siempre: El despertar de la Kundalini le enseñará lecciones que nunca soñó. Los niveles de energía en su cuerpo, mente y espíritu aumentarán a niveles inimaginables. Su vida después del despertar va a ser muy diferente de lo que era antes. Y ahí reside la dificultad de hacer frente, especialmente en los primeros días.

Prepárese para un tremendo cambio cuando encuentre que la ley de atracción funciona de manera más directa que antes. Encontrará el universo satisfaciendo sus necesidades incluso cuando lo piense. Su capacidad para discernir y seguir su propósito de vida recibirá un gran impulso. La vida le apoyará en cada paso del camino.

Se encuentra más cerca del ser divino universal: Una razón por la que la vida nunca será la misma es que se encuentra cerca del ser divino universal al que llamamos Dios, Shiva, o por cualquier otro nombre. Sentirá y experimentará la cercanía con el espíritu divino, y sus anteriores creencias erróneas sobre el Ser Supremo se fundirán en la nada.

El mayor beneficio del despertar de la Kundalini es que aprenderá que hay mucho, mucho más en la vida que el nacimiento, sobrevivir a su vida, y luego morir. Verá que no es más que una mota en este poderoso y vasto universo. Sin embargo, sentirá una conexión distinta y profunda sabiendo que usted es de esa misma raíz.

Sugerencias para superar los desafíos del despertar de la Kundalini

Identificar, aceptar y abrazar lo que le está sucediendo: Este es el primer y, sin embargo, uno de los pasos más difíciles de dar cuando su Kundalini se despierta y se siente extraño y desconocido con todo lo que sucede en su vida. El mayor golpe que recibirá con la subida de la Kundalini es que su ego se hará añicos.

Aunque es algo muy importante, en las etapas iniciales, el no tener ego creará problemas porque nunca ha tenido que vivir sin él. Por lo tanto, el funcionamiento normal de la sociedad se verá comprometido. De hecho, se sabe que las personas con tales experiencias han dejado sus trabajos porque no podían soportar lo que estaba sucediendo.

Además, su mayor sensibilidad a la luz, los sonidos y todas las sensaciones pueden volverle loco. Los filtros de percepción que tenía antes pueden desaparecer, y puede ser una experiencia aterradora al principio y hasta que lo acepte.

Recuérdese de no luchar contra esta extraña experiencia. Abrácela y permítase experimentar la extrañeza y la falta de familiaridad de forma completa y total. Encuentre sus propias formas de abrazar la nueva vida. Solo cuando usted la abraza puede usar los poderes que vienen con el despertar de la Kundalini de manera efectiva y sensata.

Busque ayuda profesional: Este es un primer paso importante que debe dar. Si ya está aprendiendo Kundalini Yoga de un gurú o instructor, entonces debe ponerse en contacto con él o ella cuando se sienta raro o experimente cosas desconocidas en su vida. Si está intentando algo por su cuenta y tiene problemas, entonces busque un guía o mentor local que le ayude.

Si vive en una parte remota del mundo, entonces trate de encontrar a alguien a través de Internet. Desde una perspectiva espiritual, despertar la Kundalini es como despertar una parte desconocida de su alma, y no sabe qué esperar. Por lo tanto, a veces, un guía religioso como un rabino o un sacerdote podría ayudar.

El truco está en encontrar a alguien que entienda este aspecto central de la experiencia humana y que le guíe a través de las experiencias extrañas y difíciles.

Busque ayuda profesional para sus efectos físicos, mentales y emocionales también: Espiritualmente, podría ser feliz y estar en las nubes. En este estado, tiende a ignorar los aspectos físicos, mentales y emocionales de su vida, considerando que estará totalmente atrapado en el torbellino de su episodio del despertar de la Kundalini.

Para sus necesidades físicas, encuentre un médico que entienda la conexión entre la mente y el cuerpo y que sepa qué tipo de herramientas de diagnóstico debe utilizar para mantener su cuerpo en bienestar físico. Si se encuentra mentalmente inestable, busque la ayuda de un terapeuta profesional en el campo de la psicología y/o la psiquiatría. Este profesional también debe ser capaz de entender que hay aspectos del mundo humano que van más allá de la mente sutil.

A veces, incluso puede ser necesario recetar medicamentos para ayudarle a superar las dificultades derivadas de ciertas experiencias. Un enfoque práctico de la experiencia del despertar de la Kundalini es fundamental. Sepa que es probable que se encuentre en algún reino sobrehumano, y con toda la lectura que ha hecho sobre el despertar de la Kundalini, recuérdese a sí mismo que debe permanecer anclado incluso en ese estado y buscar la ayuda de personas que puedan ayudarle a aprovechar el poder desatado de forma sensata.

Obtenga claridad mental y manténgase con los pies en la tierra: Con la ayuda de profesionales, asegúrese de tener claridad mental en y sobre lo que está pasando en su vida. El despertar de la Kundalini tiene sus raíces en la espiritualidad, pero afecta a todo en nuestras vidas. Su ADN se reconfigura para que su cuerpo y su mente tengan mayores capacidades para manejar el flujo extra de prana que es un resultado automático del despertar de la Kundalini. Por lo tanto, necesita tener una inmensa cantidad de claridad mental para manejar su vida.

Deje de consumir alcohol y otros intoxicantes por completo. Si está metido en drogas, eso tiene que parar inmediatamente. De lo contrario, estará arriesgando su cordura. Incluso los alimentos que ingiere deberán recibir su atención. Deshágase de todo tipo de alimentos procesados. Incluya carnes magras, vegetales de raíz y frutas y nueces para ayudarle a mantenerse en forma.

Asegúrese de hacer ejercicio regularmente. Conectarse físicamente con el elemento tierra a través del ejercicio físico es una gran manera de mantenerse en forma. Cuidar de su salud física es la base para mantenerse en tierra y su mente clara y preparada para manejar la enorme absorción de energía que viene con el despertar de la Kundalini.

Conecte con personas afines: Tener un grupo de personas con las que pueda hablar de sus experiencias es una gran manera de ayudarle a manejar los momentos difíciles. Hay muchos grupos de apoyo que puede encontrar en línea. Únase a un grupo y discuta sus problemas con ellos. Incluso si no está seguro de hablar con amigos recién fundados sobre sus extrañas experiencias, puede escuchar sus experiencias y conectarse con ellos.

Hablar con otras personas que piensan como usted le ayudará a entender que no está solo en este mundo. Hay otros que están por delante de usted en el campo, y hay otros tratando de ponerse al día. Este conocimiento le da un profundo sentido de pertenencia a una comunidad unida por un objetivo común. Compartir las experiencias de los demás será de gran ayuda.

Además, encontrar ayuda profesional en tales grupos también es fácil. Alguien u otro ya habrá marcado un camino en esta dirección. Solo tendrá que seguirlo.

Consiga una rutina de práctica diaria en su lugar: Si no tiene ya una práctica diaria de Kundalini Yoga, entonces comience una de inmediato. La práctica diaria de kriyas es una gran manera de mantenerse en tierra y también aumentar su capacidad de manejar los canales de energía recién abiertos de manera sensata y bien. Puede ser una buena idea evitar la meditación en los primeros días del despertar de la Kundalini porque puede volverse intensa, y podrías estar en una posición en la que el poder de la liberación de energía es mayor que tu habilidad para manejarla.

Las asanas de yoga y las kriyas son geniales. Además, incluye escribir un diario todos los días, asegurando que todas sus experiencias estén documentadas. Escribir un diario no solo es un excelente método para crear una referencia para el uso futuro, sino también una manera de sacar sus pensamientos fastidiosos y temerosos de su cabeza, al menos por un tiempo.

No pare de aprender sobre la Kundalini: El tema es vasto e ilimitado. Cuanto más aprenda, más información nueva obtendrá. No solo esto, sino que también puede interpretar el viejo conocimiento de nuevas maneras, permitiéndote manejar los temas con métodos innovadores a medida que incluya estas nuevas lecciones en su vida.

Recuérdese que su experiencia es nueva y especial para usted. Sin embargo, no es único. No es único en su tipo. La serpiente Kundalini yace inactiva en todos los humanos. Ha tenido la fortuna de aprender sobre ella y despertar su poder. Ha habido gente antes que usted que lo ha hecho, y habrá otros que lo harán también en el futuro.

Estos humildes recordatorios son excelentes factores de base y también le impiden tener ideas y pensamientos grandiosos sobre usted mismo. Cuando es práctico y realista sobre las experiencias relacionadas con el despertar de la Kundalini, su capacidad para aprovechar sus poderes de manera útil, productiva y sabia mejorará significativamente.

La experiencia de un despertar de la Kundalini es dolorosa y agonizante, pero altamente gratificante en todos los aspectos. Toda su vida verá y sentirá sus beneficios positivos a medida que viva su vida más significativamente y más profundamente conectada con el universo que antes. La gente a su alrededor se verá impactada positivamente a medida que se sienta atraída y aprenda del aumento del aura que le rodea a usted.

La voluntad de lo divino no puede ser realmente suprimida. Cuanto más se aleje de su vida, más duro le perseguirá. Por lo tanto, independientemente del dolor y las dificultades que se presenten en su camino, abrazar la vida tal y como viene a usted es la mejor y más efectiva manera de vivir. Si se ha visto obligado a leer y aprender sobre la Kundalini, entonces esta parte de su vida inevitablemente tendrá lugar. Podría tomar más tiempo del que pensaba. Puede ser más difícil de lo que creía. Pero la experiencia ocurrirá porque está diseñado kármicamente para experimentar el despertar de la Kundalini.

Conclusión

El universo es solo una expansión ilimitada de energía. Su vida también es un paquete de energía. Todo lo que hacemos, decimos o realizamos y cada interacción con los demás, etc., son todas formas diferentes de energía. El Kundalini Yoga está diseñado para despertar la energía Kundalini dormida dentro de usted. Una vez despertada (de la manera correcta y a su propio ritmo), el poder aprovechado de la Kundalini puede tener enormes impactos positivos en todos los aspectos de su vida.

Recuerde que sus pruebas y tribulaciones de la vida no desaparecerán cuando despierte su Kundalini. Sin embargo, esta energía despierta le guiará perfectamente a través de todos sus problemas, asegurando que no solo tenga un viaje suave, sino también una vida profundamente significativa y satisfactoria.

Sin embargo, puede suceder en los momentos más inesperados porque no está bajo su control. Incluso ahora, podría tener dudas como, "He estado tratando de despertarla durante años, y nada parece estar sucediendo". Para algunas personas, los bloqueos de energía podrían ser eliminados con un simple ejercicio, mientras que, para otros, un esfuerzo más complejo y persistente podría ser necesario.

Tenemos múltiples cuerpos sutiles, y la Kundalini tiene que pasar a través de todos ellos para elevarse y permitirle sentir su pleno impacto. A veces, por casualidad, la Kundalini puede parecer que se ha abierto. Sin embargo, tales despertares superficiales nunca pueden hacer el trabajo completo.

Por lo tanto, recuerde persistir, y su paciencia será recompensada. Lo interesante es que la recompensa nunca puede ser explicada completamente por nadie. Lo que siente y experimenta cuando su Kundalini se despierta es solo suyo. Todas las teorías que lea se irán por la ventana cuando esta experiencia le golpee personalmente. Una de las lecciones más importantes que hay que aprender cuando se trata de teorías y prácticas más allá del reino, es que solo podrá darse cuenta de las lecciones cuando las experimente por sí mismo. Esa es la única manera.

Vea más libros escritos por Mari Silva

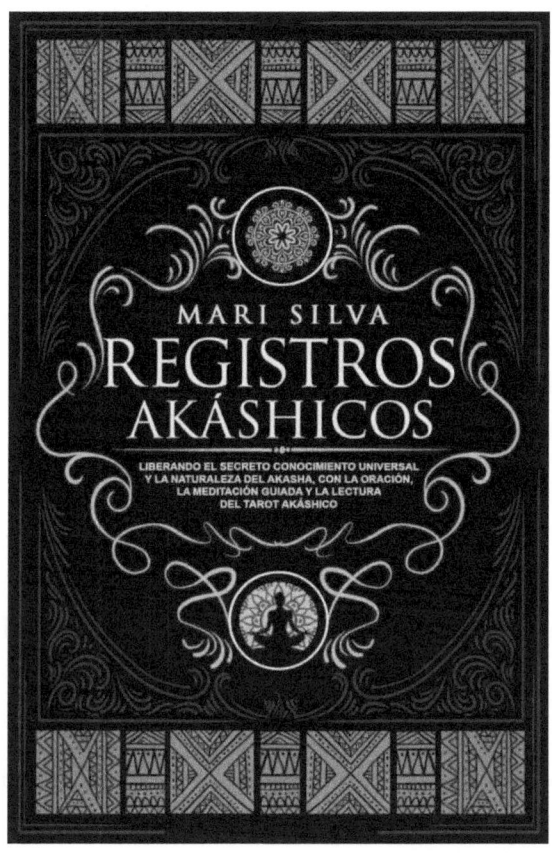

Referencias

https://www.ramdass.org/shakti-prana/

https://www.youtube.com/watch?v=7DWkY78wp7c

https://www.ananda.org/ask/is-there-a-difference-between-kundalini-energy-and-prana

https://karaleah.com/2018/10/what-is-a-kundalini-awakening-and-have-i-had-one

https://www.chakras.info/kundalini/

https://karaleah.com/2018/10/kundalini-awakenings-symptoms-process-benefits-support-help/

https://thoughtcatalog.com/brianna-wiest/2018/08/16-signs-youre-having-whats-known-as-a-kundalini-awakening/

https://www.youtube.com/watch?v=G22hZ81Vku0

https://www.youtube.com/watch?v=mMMerxh_12U

https://www.verywellmind.com/what-is-kundalini-meditation-4688618

https://chopra.com/articles/the-root-chakra-muladhara

https://iarp.org/chakra-basics/

https://www.watkinspublishing.com/working-with-your-chakras-swami-saradananda/

https://www.thebluebudha.com.au/the-sixth-third-eye-chakra-our-sixth-sense-our-psychic-powers/

https://www.jackcanfield.com/blog/cultivating-intuition/

https://www.lifehack.org/articles/productivity/10-ways-nurture-your-creativity-and-boost-your-intuitive-awareness.html

https://www.chakras.info/opening-third-eye

https://www.kundaliniyoga.org/Asanas

https://www.3ho.org/3ho-lifestyle/women/kundalini-yoga-woman-s-set

https://www.3ho.org/kundalini-yoga/pranayam/pranayam-techniques

https://www.youtube.com/watch?v=MhPqAh69Gmw,

https://www.youtube.com/watch?v=e5tGCr22TlA

https://www.3ho.org/kundalini-yoga/mantra/kundalini-yoga-mantras

https://www.3ho.org/kundalini-yoga/mudra

https://www.youtube.com/watch?v=QaVzpbias4Y

https://www.youtube.com/watch?v=nCPj98L979w

https://www.thelawofattraction.com/awaken-kundalini/

https://www.3ho.org/3ho-lifestyle/daily-routine

https://karaleah.com/2018/10/suggestions-on-what-to-do-if-youve-had-a-kundalini-awakening/

https://www.youtube.com/watch?v=1P0k1ZC9gkc

Milton Keynes UK
Ingram Content Group UK Ltd.
UKHW050812231223
434819UK00018B/162